유제화 문학집

"**흰 구름**

한 조각

보시거든"

2

1. 시
2. 수필
3. 콩트
4. 단편소설
5. 공동체 대한민국에 보내는 글
  2025-1 헌법개정(안)

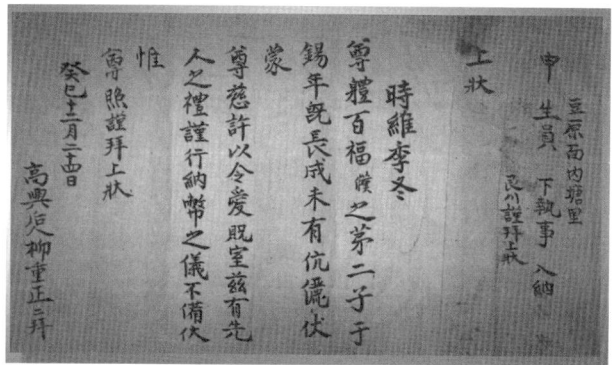

유제화 시인 사진

시인의 말

언제부터일까요?
자연은 나에게 말을 걸어 왔습니다.
그 무더운 여름날에 나무에서 노래하던 매미가, 집 옆 고랑을 흘러내리는 개울물이, 푸른 하늘을 베개 삼아 유유히 노니는 흰 구름이…
나에게 말을 걸어 왔습니다.

나를 느껴 봐. 그리고 나를 노래해. 나를 표현해 줘.

언제부터일까요?
매일 만나는 사람들 안에 있는 사람 안의 사람, 혹은 그 사람 안 저 깊은 곳에 있는 영혼이,
교실에 같이 앉아 있을 때, 길을 걸어갈

때, 같이 밥을 먹을 때, 다정한 대화를 나눌 때에도 나에게 말을 걸어 왔습니다.

 나는 누구일까? 너는 또 누구니? 우리는 왜 하나가 아니고 떨어져 너와 내가 되었을까?

 언제부터일까요?
 동네 친구들의 돌아가신 할아버지, 할머니들이 푸르디푸른 혼불을 타고 묫자리로 날아가면서 나에게 말을 걸어 왔습니다.

 나는 이제 간다. 넌 언제까지 살 거니? 죽음 뒤에는 무엇이 있는지 혹시 생각해 보았니?

 그리하여 나는 나에게 말을 걸어 오는 모든 존재와 대화하기 위해 나서서 글을 쓰기

시작하였습니다. 초·중·고 시절에 상당히 많은 습작을 하였으나 남아 있는 게 별로 없고, 군 생활과 대학 시절에는 명상 쪽에 관심을 두어 나름대로 수련을 하여 온 우주가 내 안에서 생멸함을 느끼는 등 체험도 많았으나 기록함에는 소홀하였습니다. 지금부터라도 존재들과의 대화를 기록하는 데 더욱 매진해야겠다는 생각을 해 봅니다.

이제 그동안의 글들을 모아 책으로 내어놓으면서, 나와 대화하던 모든 존재, 우주, 자연, 사랑하는 사람들에게 다시 한번 감사의 말씀을 전합니다.

2024년 2월

유제화

차례

Ⅰ. 시   **7**

Ⅱ. 수필   **109**

Ⅲ. 콩트   **140**

Ⅳ. 단편소설   **146**

Ⅴ. 공동체 대한민국에 보내는 글,
    2025-1 헌법개정(안)   **165**

"I. 시"

차례

1969년 6학년 2반 『학급 문예지』 수록 작품	**12**
우리 집 이발관	**13**
밤길	**14**
나비	**15**
가을이 오면	**16**
경옥이의 중딩 친구이며 광선이의 군 생활 당시 연인이었던 열아홉 소녀에게 바침	**18**
구부러진 길	**20**
그대 관악에 오름은	**22**
그대 오시는가	**26**
나는 그대를	**28**
나의 보물창고	**31**
내 고향 간천(艮川)마을	**33**
노오란 은행잎을 바라보며	**38**
눈사람	**40**
동지죽	**41**

모닥불	**44**
목련꽃에게	**45**
목련꽃에게 2	**47**
무제	**48**
『문학사상』을 겨드랑이에 끼고	**49**
문학을 사랑하던 소녀의 열정	**52**
봄비	**54**
봄비 2	**56**
봄비는 한 많은 여인	**58**
비 오는 날	**59**
비원(祕苑)	**60**
빗소리	**63**
삼월의 노래	**64**
서울역	**66**
소쇄원에 오르다(登瀟灑園)	**67**
승인 친구의 붓글 「눈꽃」에 답함	**70**

시월 어느 날 숲으로 가다	**71**
여름이 오면	**74**
오늘 꽃비가 내리는 까닭은	**76**
오방떡	**78**
외할무이 그리고 어무이	**80**
우리는 가을을 차마 보내지 못합니다	**83**
우리는 돌을, 도(道)를 닦았었지	**84**
우주의 노래	**86**
윤중로를 걸으며	**87**
은행잎	**90**
일산오케이목장에서 한잔하고 있는 동찬 친구에게	**91**
장미	**92**
장미 2	**94**
하내(할아버지)가 보낸 청사(請辭)	**96**
헤이리에는 바람이 불더라	**100**

황학루와 무한단상(武漢斷想) 102
흰 구름 한 조각 보시거든 104
흰 눈이 내리면 106

1969년 6학년 2반 『학급 문예지』 수록 작품

(담임 유중연 선생님, 2021년 추석에 시골 집에서 사진첩 정리 중 발견)

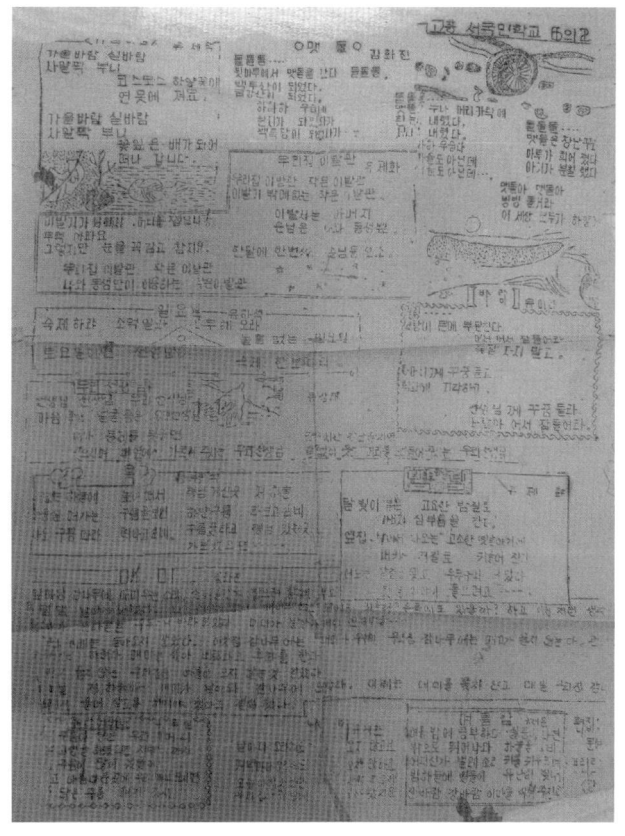

우리 집 이발관

우리 집 이발관 작은 이발관
이발기밖에 없는 작은 이발관

이발사는 아버지
손님은 나와 동생뿐
한 달에 한 번씩 손님들 오죠.

이발기가 낡아서 머리를 찝으니까
무척 아파요.
그렇지만 눈을 꼭 감고 참지요.

우리 집 이발관 작은 이발관
나와 동생만 이용하는 작은 이발관

밤길

달빛이 고요한 밤길로
아버지 심부름을 간다.

옆집 방에서 나오는
고소한 옛날이야기에
내 귀가 저절로 기울어진다.

어느덧 갈 길을 잊고
우두커니 서 있다.
옛날이야기 들으려고….

나비

날마다 오라 해도 오지 않고요.

저녁마다 오라 해도 오지 않아요.

오늘 아침 시원한 바람을 타고서

우리 집 꽃밭에 날아왔지요.

가을이 오면

가을이 오면
내 가슴 한가운데
한 줄기 갈대
자라납니다.

빨갛게 익어 가는 능금 버려두고
한 줄기 갈대 자리함은
불어오는 바람에
춤추기 위함입니다.

누렇게 익어 가는 나락 버려두고
한 줄기 갈대 자라남은
쏟아지는 달빛에
하얗게 빛나기 위함입니다.

노오란 은행잎 버려두고

한 줄기 갈대 자리함은
푸른 하늘 흰 구름 속으로
그대 부르기 위함입니다.

아아
가을이 오매
내 가슴에 한 줄기 갈대 자라남은
그대를 향한 내 노래
끝나지 않았기 때문입니다.

경옥이의 중딩 친구이며 광선이의 군 생활 당시 연인이었던 열아홉 소녀에게 바침

화병에 꽂힌 국화는
그대 머릿결로부터
향기를 부여받았다.

창가의 낙엽은
그대의 호흡으로 인해
뜰에 뒹굴고 있다.

문득 신문에서 본
정겨운 이름은
그대 예쁜 눈으로부터 빛나고 있다.

아아
깊어 가는 가을밤에

노래하나니
세월과 희망과
꿈과 행복을

그대
아리따운 열아홉
소녀야.

구부러진 길

구부러진 길이 나는 좋다.
모퉁이 돌아가면
그리운 친구들 사는 저 동네
구름 아래 아늑히 앉아 있다.

구부러진 길이 나는 좋다.
오르막길 올라
산꼭대기에 다다르면
바다에는 섬들이 점점이 떠 있고
내 친구 사는 동네
조용히 앉아 있다.

나는 구부러진 길이 좋다.
조잘조잘 개울 건너 저수지 둑길 지나면
내 사랑하는 친구 사는 동네
다소곳이 앉아 있다.

나는 구부러진 길이 좋다.
골목길 굽이 돌고
동네 동네 몇 굽이 돌아가면
아아
우리의 사랑하는 집
고흥서교가 있다.

그대 관악에 오름은

오늘 그대 관악에 오름은
아름다운 과거를
회상하기 위함이 아니다.

오늘 그대 관악에 오름은
찬란한 미래를
설계하기 위함도 아니다.

오늘 그대 관악에 오름은
지금 이 순간
여기에서
바로 그대가 행복 자체임을
알기 위함이다.

오늘 그대가 관악에 오름은
지금 이 순간

여기에서
바로 그대가 기쁨 자체임을
느끼기 위함이다.

지금 이 순간
여기에서
그대는
아름다운 저 꽃보다
더 아름답다.

지금 이 순간
여기에서
그대는
빛나는 별들보다
더 빛나고 있다.

지금 이 순간
여기에서
그대는
작열하는 태양보다
더 강렬하게 폭발하고 있다.

그대의 몸 60조 세포 하나하나
산소를 연료 삼아
매 순간 폭발하고 있다.

폭발하는 모든 세포의
진정한 주인이며
죽으려야 죽을 수 없는
불멸의 영혼이여
영원한 의식인 그대여!

그대는
행복 자체이며
그대는
기쁨 자체이니

그대여
지금 이 순간을
영원히 찬양하라.

그대 오시는가

오늘 그대 오시는가.
저 산 깊은 계곡 함박눈 높이 쌓여
다시 녹음이 몇 번이던가.

오늘 그대 오시는가.
앞산 산등성이에 진달래 철쭉
피었다 짐이 몇 해이던가.

오늘 그대 오시는가.
고즈녁한 동네 골목길에
속살보다 하이얀 목련꽃
피었다 스러짐이 몇 번이던가.

마침내 오늘 아침
소나기 천둥 번개 되어 내리더니
비 그친 뒤 서산마루에

곱디고운 무지개 한 자락

그리하여 마침내

오늘 그대 오시는가.

나는 그대를
 – 이백의 「달 아래 혼술(月下獨酌)」에 답함

내가 그대 이름을 불렀을 때
그대는 나에게로 와서
황금 잔에 넘치는
향기로운 술이
되었다.

내 향기로운 술에는
나의 사랑하는 시인
이태백 있으니
한 손에는 술잔
한 손에는 붓이로다.

내 향기로운 술에는
요염한 눈빛
선녀 항아 있으니

날 보며
손짓하고 있도다.

내 향기로운 술에는
내 아름다운 친구
그대 있으니
잔 들어
날 부르고 있도다.

내 향기로운 술에는
눈부신 저 달
사뿐히 내려앉아
하얀 얼굴
미소 짓고 있도다.

이제
나는
황금 술잔 높이 들어

그대를 마신다.

태백을 마신다.

항아를 마신다.

저 달을 마신다.

저 은하보다 더 어여쁜 그대여.

나의 보물창고
                     - 사촌 형의 서가

중학교 1학년 때
사촌 형이 초등학교 선생님이 되셨다.

할아버지 할머니 온 식구
좋아하셨다

곧이어 나에게
하늘에서 보물 창고 내려왔으니

형님께서
한국문학전집 세계문학전집을 서가에 채우셨다.

그 보물 창고에서
차례차례 책 한 권씩 들고

내 방으로 오는 그 순간은
행복 그 자체였다.

책 안에서
나는
아름다운 사람들을 껴안고
꿈같은 이야기들을 느꼈으니

그때야말로
제일로 돌아가고 싶은 어린 시절이다.

내 고향 간천(艮川)마을

내 고향
고흥읍 호동리 간천마을

그곳에는
웃첨도 있었고 아랫첨도 있었다.
동네 한가운데 동각이 있었고
샘뚱(공동우물 겸 마을마당)도 있었고
우리 집 옆에는 꾸렁도 있었다.

국민학교 4학년 때
밤 아홉 시쯤 샘뚱에서 놀다가
그날 돌아가신 중구 할무이 혼불이
파란 색깔을 띠며 동산 쪽으로 하늘을 날아가는 것도 보았다.

간천마을

거기에는

호산을 향해 한참 올라가야 하는 새따꿀재가 있었고

더 가면 하내 할무이 산소 있는 중등이 있고

아담한 고인돌이 두 개 있는 번데기 재도 있었다.

재를 지나 밑으로 내려가면 부진데이도 있었다.

배나무골 물난골 홍골도 있었고
바닷가에는 석찌도 조금노리도 있었다.

동네 북쪽에 청룡이라고 부르는 조그만 산이 있는데

바다에서 바라보면 동네 왼쪽에 있으니

좌청룡이다.(지도에는 고봉산)

동산(洞山)이라고도 하였으니 국어사전에 나온 대로 동네 부근에 있는 낮은 산이요, 아이들이 뛰어노는 동산(童山)이었다.

가우(추석)에는 두심이 오빠를 비롯한 동네 청년들이

동산 큰 소나무에 줄을 매달아
하늘로 날아갈 듯 그네를 타면
감히 타 볼 생각도 못 하고
입을 쩍 벌리고 구경만 하였었다.

그 동산에서 내려다보이는 고흥만 바다는 너무나 아름다웠다.

바다에서 동네를 바라보면
우리 집 바로 뒤쪽

동네 오른쪽에 호산(虎山)이 있으니 우백호다.(지도에는 옥녀봉)

호랑이는 두 발을 서쪽 바다와 남쪽 동네들을 향해 두고

늠름하게 앉아 있으니

서쪽으로는 고흥만 바다를

남쪽으로는 호동(댕펜) 호서(새펜) 그리고 고흥서교를

바라보고 있다.

중 1

여름방학 때

번데기 부근에서 풀나무를 하고

고인돌 부근에서 놀다

새따꿀 지나 바다가 보이는 언덕에 다다랐을 때

해는 반쯤 바다 건너 금호마을 뒷산에 걸렸고
　고흥만 바다와
　온 하늘이
　너무나도 선명하게 온통 붉은 물이 들어 있어
　멍하니 서서
　나도 석양이 되어
　갈 길을 잃어버린 적도 있었다.

　석양에 흠뻑 취해 집에 돌아오면
　어무이가 끓여 주신
　폽죽(여름에 먹는 팥칼국수)은
　꿀맛이었다.

노오란 은행잎을 바라보며

11월 그 어느 날
한 팔들을 서로의 허리에 두른 채로
우리는 그 길을 걸었다.

하늘에서는
노오란 은행잎들이
함박눈처럼
우리 머리 우에 내렸다.

그녀는 소리쳤다.
"야아! 은행잎이 눈처럼 내린다아."

그녀는
손을 뻗어
내리는 은행잎 하나 집어
나에게 주며 말했다.

"잘 간직해."

오늘 떨어지는 은행잎 바라보매

그대의 맑은 목소리 들리는 듯하고
그대의 따뜻한 손 잡히는 듯하고
그대의 이쁜 미소가 눈앞에 있는 듯하건만

잃어버린 그때의 은행잎처럼
그대는 내 곁에 없구나.

아아

어느 하늘 아래선가
그대도 나처럼 은행잎을 보고 있을까?

눈사람

당신 향한 내 마음
구름 되어 하늘을 떠돌다가

눈 되어 저리도
퍼얼 펄
땅으로 땅으로
내려옵니다.

나는 눈송이들을
모아 모아서
내 안에 집어넣었습니다.

이제 나는
눈사람이 되었습니다.
다른 것들은 모두 사라지고
눈송이들만 가득 찬
눈사람이 되었습니다.

동지죽

해마다 12월 22일이 되면 생각나는 일

국민학교 4학년 때인가?
선생님께서 시험 채점 같이 하자고
남으라 캐서
시험 채점을 다 하고 학교를 나서니
친구들은 다들 집에 가고 아무도 없었다.
눈이 내리고 있었고 운동장에는 제법 쌓여 있었다.

호서마을 앞을 지날 때는 비가 오기 시작하였다.
비를 후줄근히 맞고 솔개를 막 돌아선께로
어무이가 거그까지 우산을 들고 마중 오셨다.

내가 쪼그맣고 삐쩍 말라서 그랬을까.
어무이는 나를 업고 집에까지 갔고
나는 얼른 옷을 갈아입었다.

방바닥에 앉아
어무이와 같이 하얀 새알을 만들었다.
어무이는 가마솥 빨간 팥 국물에 새알을 넣고
저어 가면서 죽을 끓이셨다.

팥죽이 보글보글 끓을 때
달콤한 팥 냄새가 내 코를 찔렀다.
후 불어 가며
그때 묵었던 동지죽은
참말로 맛있었다.
지금도 생각난다.

업혀 가는 나를 본 친구가 있었고
친구들은 한참 동안 나를 놀려 묵었다.

근디
나도 우리 딸을 4학년 때까지 맨날 업고 댕겼다. ㅎㅎ

모닥불

타들어 가는 모닥불가에서
여름밤은 또 그렇게

바로
우리의 사랑이었다.

목련꽃에게

누가 말했나
그대를
'못 이룬 사랑'이라고

아니다 아니다.
그대는 이미 큰 사랑을 완성하였으니
그대 온 우주를 향하여
활짝 피어나
하늘 가득히 그 아름다운 빛을 나누어 주고 있다.

그대는 이미
불같은 사랑을 완성하였으니
그대 찬란한 사랑을
온 땅에 나누어 주고 있다.

그대는 이미
어여쁜 사랑을 완성하였으니
나에게
바로 나에게
그대를 찬미하도록
행복한 눈을 주었다.

목련꽃에게 2

일 년 삼백육십오 일

나는 너를 기다린다.

무제

(1975년 학교 기숙사에서 시화전이 있었어요. 그때 본 시 중에서 유제화 님의 시구절을 아직도 외우고 있습니다. 금오1기 박경옥)

친구들이여
뽀빠이를 먹고
외출을 가자.

진로를 제치고
잔디 위에 누우면

흘러가는
조각구름이 있고

잃어버린
우리들의
유년 시절이 있다.

『문학사상』을 겨드랑이에 끼고

고교 시절 강완모 조택윤과 함께 금오문학회 만들어서 시를 쓰기도 했던 그때
이어령 교수가 주간을 맡은 월간 문학잡지 『문학사상』을 늘 겨드랑이에 끼고 다니던 일이 생각납니다.

버스 기다리던 시골 차부 대합실에서
방학을 맞아 고향 가는 기차 안에서도
틈이 나면 열심히 보던 그 장면이 또 그 읽었던 내용이
지금도 떠오릅니다.

도서관에서 이어령 문학평론집 『흙 속에 저 바람 속에』를 읽으며 사색에 잠기기도 했고
1974년 8월에는 신석정 서거 특집호에 소

개된 석정 시인의 「아직 촛불을 켤 때가 아닙니다」를 읽고 느꼈던 깊은 가슴 떨림이 아직도 기억납니다.

이어령 교수가 90세를 일기로 돌아가셨다는 뉴스를 듣고
 봄을 재촉하는 저녁 비가 내리는 소리를 들으며 잠시 상념에 잠겨 봅니다.

아직 촛불을 켤 때가 아닙니다
신석정

 저 재를 넘어가는 저녁 해의 엷은 광선들이 섭섭해합니다.
 어머니, 아직 촛불을 켜지 말으셔요.
 그리고 나의 작은 명상의 새 새끼들이

지금도 푸른 하늘에서 날고 있지 않습니까?
이윽고 하늘이 능금처럼 붉어질 때
그 새 새끼들은 어둠과 함께 돌아온다고 합니다.

중략

『문학사상』 1974년 8월호

문학을 사랑하던 소녀의 열정

문학에 대한 열정을 회고하는 그대의 글을 보니

'소녀'를 '소년'으로 한 글자만 바꾸면

바로 나의 삶이니

애잔하고 쓰리면서도
달콤하고 감미롭던

아름답고도 폭풍 같았던
청춘 시절이

새삼 나의 가슴을 울립니다.

아아

이런 순간에
무엇을 할 수 있을까요.

잠자리 한 마리 푸른 하늘을 날아갑니다.

봄비

님이여

오늘
구름이 봄비 되어
촉촉이
내리고 있습니다.

어느 구름이
멀리서 님을 보았을까요?

어느 구름이
님의 손짓을 알아챘을까요?

어느 구름이
님의 눈빛을 느꼈을까요?

어느 구름이
님께서 부르는 소리 들었을까요?

어느 구름이
님의 미소를 품었을까요?

저 구름은
저리도 행복에 겨워
무너지고 있건만
님은 어디서
저 봄비 보고 계신가요?

님은 어디서
저 빗소리 듣고 계신가요?

봄비 2

이 봄
이 밤을
적시는 그대여

무슨 사연
그리 많기에
저 들판을 적시는가?

무슨 가슴
그리도 애절하기에
저 허공을 수놓는가?

무슨 사랑
그리도 말 못 했기에
저 창문을 두드리는가?

아아
오늘
깊은 밤에
나를 부르는 봄비여.

봄비는 한 많은 여인

오늘 내리는 비는 봄비입니다.

내가 사랑하는 목련 이파리들도
친구가 자랑하는 진해 벚꽃들도

오늘은 견디기 힘들 것 같아요.

봄비는 한 많은 여인

그대 가장 아름답게 빛날 때
그대 끌어안고
땅바닥에 떨어집니다.

그대 아름다운 꽃송이들
오늘 비에는 못 버틸 것 같군요.

비 오는 날

봄비가
촉촉하게 내리는 아침이네요.

봄비 사이로

노오란 우산을 쓴
님께서
날 찾아오시는
꿈을 꾸었어요.

비원(祕苑)
- 내 청춘의 한 모퉁이, 1976년 1월

비원
이제 그 이름
버려야 한다고
함부로 말하지 마라.

그곳은 내 청춘의 한 모퉁이

열아홉 소년
커다란 바위
가슴속 부여안고
차가운 겨울바람 벗 삼아
스산한 걸음걸음
이끌던 곳이다.

그곳은

내 마음
<u>스스로</u>
비밀의 정원으로 향하던 곳

그곳에서 나는
내 열망과
내 슬픔과
내 그리움과
함께 걸었다.

그곳에서 나는
내 흰 구름과
내 눈보라와
내 태양과
함께 노닐었다.

아마도 나는

옛적에

고뇌 한 짐 짊어지고
이곳을 거닐던
조선의 왕이었을 것이다.

빗소리

빗소리는 항상

나를

머언 본향으로

데려가

우주 끝에

둔다.

삼월의 노래

그날
입학식이 열리던
그 운동장엔
사나운
봄바람이 불었다.

한순간
세찬 한 줄기 삭풍에
교기는 쓰러져
땅바닥에 나뒹굴었다.

그날의 그 바람은
그대들 앞날이
모진 고난의 길임을
미리 알림이었다.

이제는 돌아서서

보라.
그대들 걸어온 길을

눈보라 치던 그 길을
휘몰아치던 폭풍우 길을

그대들
이 모든 길
꿋꿋하게 헤쳐 왔으니

이제
새봄을 맞으라.
아름다운 꽃을 피우라.

어여쁜 그대들이여.

(그날: 1973년 3월 5일)

서울역

서울역
시계탑 밑

옛적에는
그리운 이를
기다리던 곳

오늘은
보고 싶은 고운 님을
만났으니

저 건너 남산에는
철쭉이 지천으로 피었다.

소쇄원에 오르다(登瀟灑園)

누구는 산책한다는 소쇄원을
나는 오늘 힘들게 올랐다.

내가 이 길을 힘들게 오름은
정암 조광조를 생각함이며
대동법 시행에 2백 년간 힘쓴
이이 김육 등을 떠올림이다.

제월당 대청에 올라
눈을 들어 바라보니

광풍각과 시원하게 흐르는 계류가
발아래 펼쳐지지만

더욱 아름답게 보이는 것은
저 대나무 숲과

그 건너 드리워진 창암촌 들판이라.

귀양지 능주에서 사약을 받은
스승 조광조를 기리는
원림이라 한다면

맑고(瀟) 깨끗한(灑)
이곳에 은거함이
정녕 정암의 뜻에 부합하는 일일까.

저 창암촌 들판에서 김매는
백성들의 민생을 돌봄이
그 스승을 따르는 길이 아닐까.

오늘도 하늘에는
흰 구름 무심히 흐르고

대숲을 가르는 바람 소리가
내 가슴을 두드린다.

승인 친구의 붓글 「눈꽃」에 답함

그대 붓글 속에는
함박눈이 소복이 내리는도다.

외갓집 가는 길
엄마 손잡고 가는 오솔길에도
저리도 하이얀 눈 내려오더라.

엄마 이고 있는 떡 광주리에도
내 머리 위에도
함박눈
소리 없이 내려오더라.

시월 어느 날 숲으로 가다

여름날의 기개를 간직한 나뭇잎은
아직도 푸르른 기억 속에 살고

낮게 드리운 구름은
무거운 하늘을 짊어지고 있다.

오늘 나는 친구들과 함께
숲으로 간다.

숲속 바위에는
오래된 이끼들이 있다.
검푸른 이끼 속에는
우리들 어린 시절 도란도란 나누던
이야기들 녹아 있다.

숲속 나무들 사이에는

부러진 고목들도 있다.
그 고목나무 위에서
문득
저세상으로 먼저 간 친구들의 미소가 보인다.
그 미소는 말한다.
친구들아 반갑다.
우리는 잘 지내고 있다.
너희들도 이 숲속 나무들처럼
싱싱하게 살아다오.

또 숲속에는
나뭇잎 사이로 보이는
하늘이 손짓을 한다.
하늘 한 조각이 말한다.
친구들아

오늘 내 모습이 회색빛이어도
나는 품고 있단다.
시리도록 푸른 내 모습도
달빛 호젓한 그리움도
작열하는 태양도

오늘 나는 친구들과
숲속을 걸었다.

여름이 오면
- 고딩 친구들에게 금오 졸업 40주년 기념
  문집 글쓰기를 권유함

친구야.

우리 동기는 360명이었지. 이번에 졸업 40주년을 맞이하여 책을 한 권 만들기로 했다네.

이미 글을 써서 제출한 친구들도 많지.

글 주제는 말 그대로 자유라네. 책 크기가 국판이 될지 46배판이 될지 모르겠지만 한 사람당 2페이지에서 4페이지가 될 것 같네.

내년 봄이면 나온다고 하네.

여름이 오면 나는 이 책과 돗자리를 들고 시원한 나무 그늘로 갈 것이야.

그곳에서 나는 이 책을 베고 낮잠을 한숨 잘까 하네. 이 책과 함께 잠들었다가 큰 하품을 하며 깨어나면 그때 이 책을 펼쳐 볼 거야. 친구들 냄새나는 책장 넘기며 한나절을 보낼 거네.

생각해 보게.
359명 글은 모두 채워져 있고 자네 페이지만 비어 있다면 내 마음이 얼마나 쓸쓸하겠나. 더구나 고인이 된 친구들도 부인이나 자녀의 글을 받기로 했거든.

그러니 부디 밴드 들어와서 다만 몇 줄이라도 자네 흔적을 남겨 주기 바라네.

오늘 꽃비가 내리는 까닭은

오늘 관악산 둘레길을 걷는 우리
눈을 들어 하늘을 보니
붉은색 하얀색 벚꽃
흐드러지게 피어 있네요.

순간
님께서 보낸 한 줄기 바람에
꽃잎은 꽃비 되어
온 산을 수놓고 있어요.

오늘 꽃비가 내리는 까닭은
며칠 전 님과
강남역 4거리를 걸을 때
님께서 살며시 내 손을
잡아 주었기 때문이어요.

오늘 꽃비가 저리도 이쁘게
내리는 까닭은
우리 헤어질 때
버스 안에 앉은 님께서
환하게 웃으시며
나에게 손을 흔들어 주었기 때문이어요.

오늘 꽃비가 저리도 가슴 시리게
내리는 까닭은
지난달 극장 안에서
님께서 나에게 살짜기
뽀뽀해 주었기 때문이어요.

오방떡

　오늘처럼 긴 외투 걸쳐 입고 집을 나선 날에는

　님과 함께 팔짱 끼고
　명동 거리를 걷고 싶다.

　그 언저리에 있는
　오방떡 파는 집에 들러

　오방떡 한 입씩 입에 물고
　서로 마주 보며 웃다가

　하늘도 한 번 바라보고 싶다.

　이미 거기에는 눈님이
　우리를 향하여 내려오고 있을 것이다.

한때 은행잎 가득하던 거리에는
함박눈 소복이 쌓이고 있을 것이다.

오늘따라 내 님의 눈빛은
더욱 영롱하게 빛나고 있을 것이다.

외할무이 그리고 어무이

어릴 적
외갓집 가서
외할무이께 큰절하고 나면

할무이는 만면에 미소를 띠고는
말도 없이
'아이고 이쁜 내 새끼' 하는 표정으로
나를 그윽이 보고 계신다.

나도
내가 너무 좋아하는 할무이를
빤히 바라보고 있다.

그냥
나는 행복하다.

온 우주는
할무이와 나 사이에서
조용하다.

반 시간이나 그러고 있으면
동네 놀러 갔던 외사촌들이 들어와서
날 데리고 나가 이것저것 구경시켜 준다.

중학교 졸업 후에는
쭉 객지 생활을 하게 된 나는
고향 집에 돌아와 어무이를 보면
외할무이 얼굴을 본다.

"왔냐?"
한마디만 하시고는
말없이 미소 짓는 얼굴로

아들을 그윽이 바라보기만 하신다.

군대로
학교로
아들이 다시 집을 떠날 때는
동네 어귀에 서서
솔개를 돌아 저 멀리 아들이 보이지 않을 때까지
쳐다보시던 어무이

외할무이 어무이
두 분이 너무 그립다.
보고 싶다.

우리는 가을을 차마 보내지 못합니다

길 위에 누운 은행잎이
미화원의 수고로
비닐봉지에 들어가더라도
우리는 차마 가을을 보내지 못합니다.

다만
우리는 첫눈이 펄펄 내리는
겨울을 또 기다릴 뿐입니다.

그날이 오면
우리
벙어리장갑 끼고
눈싸움을 해야겠습니다.

하늘에서
하염없이 내리는 눈송이들은
가을의 그 은행잎들이
흰색 화장을 하고 내려옴이겠지요.

우리는 돌을, 도(道)를 닦았었지

푹치기 푹찹 푹찹찹
푹치기 푹찹 푹찹찹

우리는 돌을 닦았었지 예

시냇가에서도 닦았었지
지리산 꼭대기에서도
청담동에서도

강촌에서도
청평 호수에서도
사가발노트 놓인 서클룸에서도

우리는 열심히 닦았었지 돌을

그 '돌을'

지금은 어디에서 찾을까.

하늘을 보니
흰 구름 유유히 흐르고

바다를 보니
거센 파도 세상과 놀고 있구나!

들판에는
아름다운 꽃 자신의 미모를
자랑하고 있지만

그중 가장 어여쁜 것은
그대 가슴속에 피어나는
사랑이로다.

우주의 노래

바다가 노래하니
산이 춤을 추도다.

구름이 흩어지니
달이 드러났도다.

(1987년 8월 15일 신림9동 「영타운분식」에서)

윤중로를 걸으며

친구여
꽃 소식은 들었는가.

윤중로에 늘어선 왕벚꽃 나무들이
연지 곤지 찍고
우리를 기다리는 것을

그러나 어제는
세찬 비바람 불었으니
꽃잎은 빗물 되어 흘러내리고
빗물은 꽃잎 되어 땅으로 떨어져 내렸었다.

이제 오늘
우리 손잡고
윤중로를 걷노라.

눈을 들어 위를 보니
함박눈처럼 빛나는 벚꽃들이
하늘을 데리고 소풍 나왔고

눈을 내려 길을 보니
벚꽃 이파리들이 조용히 드러누워 있다.

걸음걸음마다
우리의 이야기는 구월의 능금처럼 익어 가나니

친구여

하늘을 호령하는
저 벚꽃이 아름답기도 하지만

길 우에 고즈넉하게 누운
이 꽃 이파리들도
또한 사랑스럽지 아니한가.

은행잎

건널목에서 신호 대기 중
내 핸드폰 위로 떨어진 은행잎

그녀의 마음이 보내 준 걸까?

책갈피에 넣어 놔야지.

일산오케이목장에서 한잔하고 있는 동찬 친구에게

오늘의 술은 삼겹살 상추 쌈장이요
막걸리!

오늘의 안주는 지붕을 두드리는
저 빗소리!

오늘의 보물은 그대들의 웃음소리!

오늘의 천국은 일산 성사동 125-3!

장미

당신이 내 가슴에 심어 준
당신의 눈썹 하나가
무럭무럭 커서 자라더니
저리도 붉게 타오르고 있습니다.

아아
너무나도 많은 불면의 밤에
흘린 눈물들이 쌓여
뾰쪽한 가시를 키웠습니다.

(1975년 여름 고3 때 썼음. 시화전에 출품했던 실물 작품을 김규락 친구가 보관하고 있어서 몇 년 전 알게 되었음.)

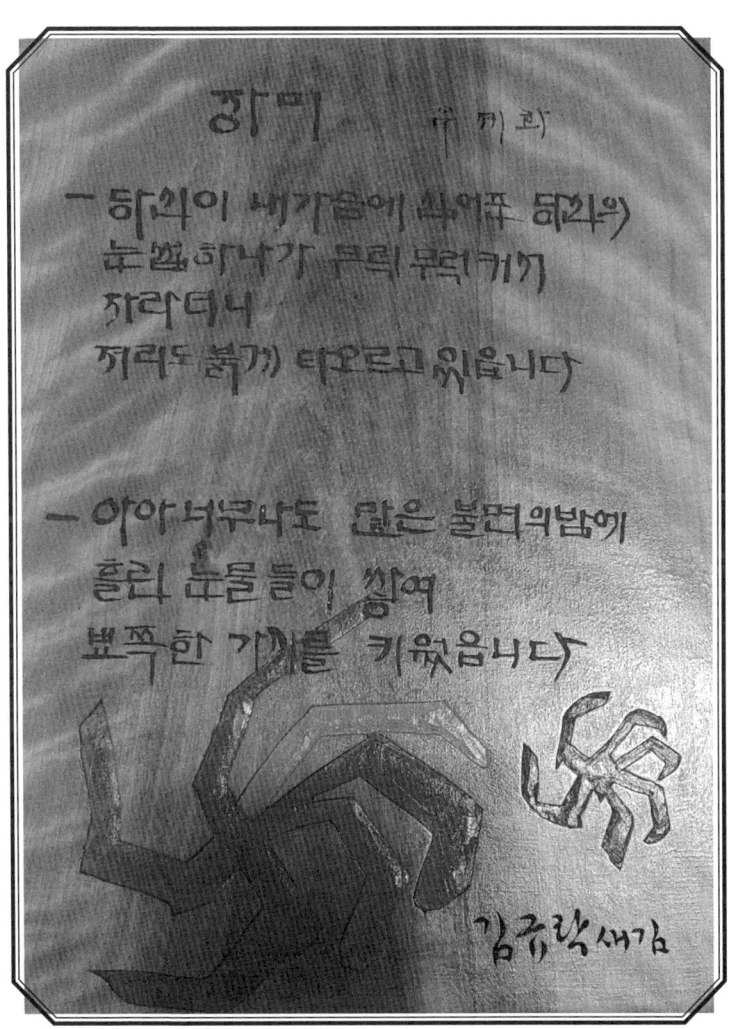

장미 2

너를 보고만 있어도

나는 구름 우에 오른다.

I. 시 95

하내(할아버지)가 보낸 청사(請辭)
- 아들 결혼을 청하는 글

어무이를
새따꿀 재 올라가는 유자밭에 모시고
내려왔다.

옷을 다 찾아서 태우라는 고모 말씀을 따라
여기저기 정리하다 보니
어무이(신부덕, 申芙德)가 시집올 때 가져온 장롱 안에서
한문 두루마리가 노끈에 묶여서 발견되었다.

1953년 계사년에
하내(유중정, 柳重正)께서 외하내한테 보낸 '청혼장'이었다.

아부지(유우석, 柳于錫)는 너무나 감격에

겨워

"이걸 내가 수십 년 동안 찾았는데
이제야 나왔구나!" 하며 기뻐하셨다.

하내의 붓글씨는
내가 보기에도 힘이 있으면서도 품격이 느껴졌다.
1930년대 고흥 유씨 족보 보첩 때도
50대 60대 학자들이 참가한 보첩단에
유일하게 하내만 20대 참가자였다고 한다.

고흥향교에서 하내들끼리 혼인을 결정하였고
결혼식 당일에야 신부 얼굴을 본 아부지는

평소에 "중매결혼도 좋은 것이다."라는 지론을 펴시곤 했다.

하기사 아부지 어무이는
끔찍이도 부부 사이는 좋았고
어무이가 마지막에 입원한 고흥병원장 내 친구도
"자네 아버님 부인 사랑은 정말 지극하시네. 나 처음 봤네."
하였다.

이제 그 청사를 보고 눈물 흘리는 아부지를 보면서
나는 그저 어무이 치마를 붙잡고 따라다니던 어린 시절이 생각날 뿐이다.

豆原面内塘里
申 生員 下執事 入納
    昆川謹拜上狀
上狀

時維季冬
尊體百福僕之第二子丁
錫年旣長成未有伉儷伏
蒙
尊慈許以令愛旣室玆有先
人之禮謹行納幣之儀不備伏
惟
尊照謹拜上狀
癸巳十二月二十四日
高興後柳重正再拜

헤이리에는 바람이 불더라

헤이리에는 바람이 불더라.
바람에 흔들리는 코스모스
나에게 묻더라.

자네 고향은 어디인가.

헤이리에는 바람이 불더라.
향기로운 내음 날리는 국화
나에게 묻더라.

자네 도반은 누구인가.

헤이리에는 바람이 불더라.
동그라미 맴도는 잠자리
나에게 묻더라.

태어나기 전 자네는 누구인가.

헤이리에는 바람이 불더라.
서산마루 일곱 색깔 무지개
나에게 묻더라.

이 모든 것 보고 있는
자네는 누구인가.

황학루와 무한단상(武漢斷想)

무한시는 1949년에 세 도시를 합병하여 탄생하였다.

무창(武昌) 한구(漢口) 한양(漢陽) 그 세 도시이다. 한강이 흐른다.

(한반도에서 이 지명 한양 한강을 언제부터 사용하였을까?)

최호(崔顥, 704~754)의 시
「황학루에 오르다(登黃鶴樓)」에 보면

청천역력한양수(淸川歷歷漢陽樹)
'한강수 맑은 물에 한양 숲이 또렷이 어린다'라는 표현이 있다.

재미있는 것은 이 한양, 즉 무한이 대구시

와 자매결연 도시가 되었고 각 분야에서 많은 교류가 있었다고 한다.

  최근에는 대구시가 무한에 마스크를 기증하기도 하였다.

  신천지교 일당도 잠입 활동하던 중 코로나19를 대구에 수입 전파한 것 같다.(2020년 3월)

흰 구름 한 조각 보시거든

오늘따라
하늘이
시리도록 푸르릅니다.

동산 너머
오래된 소나무 사이로
어여쁜 흰 구름 한 조각
한가로이 떠 있어요.

저 흰 구름에
내 마음을 실어
님 계신
그곳으로 보내오니

님 계신 곳
동쪽 하늘에

흰 구름 한 조각 보시거든

나를 본 듯
어여삐 보아주세요.

흰 눈이 내리면

오늘처럼 흰 눈이 내리면
나는 그대들의 웃음소리를 듣는다.

머언 산과 깊은 호수
그리고 산등성이에 서서
들판을 바라보는 사슴에게서
나는
그대들의 명랑한 웃음소리를
듣는다.

오늘처럼 흰 눈이 내리는 날이면
나는 그대들의 미소를 본다.

저 하늘에 가득한 눈구름과
고요한 강물에서도
그리고 책가방을 메고 하교하는

어린아이의 얼굴에서도
나는 환하게 피어나는
아름다운 미소를 본다.

이렇게 흰 눈이 내리는 날이면
나는 그대들의 가슴에서 피어나는
사랑을 본다.

방한모 둘러쓴
군밤 장수의 가슴에서
엉금엉금 기어가는 시내버스 안의
이웃들에게서
창가에 서서 거리거리 내리는
눈발을 음미하는 그대 가슴에서
나는
아련하게 피어나는 사랑을 본다.

_# II. 수필_

차례

국가원수 명칭에 대하여 　　　　　**111**
시냇물과 갯벌 　　　　　**114**
「시냇물과 갯벌」 당선 소감 　　　　　**120**
처음 본 영화는 「흙」 　　　　　**122**
촌놈은 서울을 좋아해 　　　　　**126**
남이섬 　　　　　**132**
한국과 미국, 세 장면 　　　　　**135**

국가원수 명칭에 대하여

1. 주석(主席)은 대한민국 거다.

1940년부터 1947년까지 대한민국 임시정부 주석은 김구 선생이었다.

행정부 수반이면서 국가를 대표하는 국가원수 명칭으로 '주석'을 역사상 처음으로 사용한 것은 바로 대한민국인 것이다.

또 우리 헌법 전문에도 현재의 대한민국이 임시정부의 법통을 이어받았다고 분명히 밝히고 있다. 중화민국의 장개석은 총통이었고 모택동, 김일성, 호지명 등은 1949년 이후에 주석이 되었다.

2. 대통령?

중국 드라마를 많이 본 사람들은 알 것이다. 통령(統領)은 왕궁 담장의 8개 혹은 16개 대문 중 하나를 수비하는 장교의 계급이다.

굳이 비교하자면 지금의 소령 정도인데 거기에 대(大) 붙여 놓고 국가원수라는 건 좀 이상하다.

조선에서는 조운선 몇 척을 관리하는 관료가 통령이었다. 근대에 와서는 로마의 집정관, 나폴레옹 정부의 수반을 칭하는 용어로 번역되기도 하였다.

아마도 대한민국 임시정부 초대 대통령 이승만이 도입한 용어로 보이는데 뭔가 잘 맞지 않는 어휘다.

그 후 이승만은 공금횡령과 독단적 정부 운영으로 탄핵당한다. 이에 대한민국 임시정부는 국가원수 명칭인 대통령 용어를 폐기하고 국무령 등을 사용하다가 주석으로 정하여 1940년부터 1947년까지 사용하였다.

3. 앞으로 헌법(기본법) 개정을 할 때 국가원수 명칭을 대한민국이 지식재산권을 가진 주석

으로 바꿔야 한다.

4. (헌법 명칭도 '기본법'으로 바꿨으면 한다.)

시냇물과 갯벌
– 서울대학교 상과대학 동창회보 『향상의 탑』
통권77호, 1997년 여름호 게재

1. 시냇물에 대하여

서울대학교 관악 캠퍼스 정문에서 똑바로 한참을 가다 보면, 왼편에 법학관과 자하연으로 갈 수 있는 오르막길이 있다. 지금은 주차장이 되어 버렸지만 1983년께까지는 200m쯤 시냇물이 흐르고 있었다. 어느 날 시멘트 바닥으로 복개되기 전까지는.

필자는 그 시냇물 가로 난 길로 등·하교하기를 좋아했다.

봄이면 그곳에는 겨우내 얼었던 얼음 사이로 힘차게 흘러나오는 시냇물이 있었고 파릇파릇 움을 틔우는 온갖 풀들이 있었다. 여름이면 냇가에 늘어선 키 큰 플라타너스 나무들의 무성한 나뭇잎들을 비추면서 시냇물도 생명을 노래하였다. 그런데 복개 공사 중에 그 나무들도 다 잘려 나가고 말았다.

또한 시냇물은 가을에는 붉게 물든 나뭇잎이 떨어져 흘러내리도록 도와주었고, 겨울이 오면 군데군데 흰 눈을 이고 정적과 고요 속에 사색할 줄도 알았었다.

그 시냇물, 그 옆에 줄지어 서 있던 플라타너스 나무들, 이것들을 꼭 잘라내 버리고 덮어 버려야 했을까?

얼마 전 한 연구에 의하면 지구상의 자연이 인류에게 주는 혜택이 33조 달러(?)라던가? 그 연구에 자연-시냇물, 나무 등으로부터 얻는 서정, 영감, 시심(詩心)-등도 계산되었는지 모르겠다.

우리 사회는 아직도 자연을 깎아 내고 덮

어 버리면서 시멘트로 덧칠을 해 대는 개발 위주 사고방식-'회색빛을 숭배하는 종교' 수준이라고나 할까?-에 젖어서, 멋없고 여유라고는 찾아볼 수 없는 개발이 이루어지고 있다. 특히 시냇물의 무분별한 복개는 이제 그만두어야 한다. 모든 시냇물은 그대로 두어야 하고 가능한 한 복개했던 것들도 되살려야 한다. 지금 청계천 위 고가도로가 수리 중이라고 하는데 청계천로까지 아예 철거하고 그야말로 '맑은 계곡 시냇물', 즉 '청계천'을 살려 냈으면 한다. 그리하여 오늘을 살아가는 우리 한국인들도 본래의 깨끗한 심성을 회복하여, 모든 것을 밝은 햇빛 아래 공개할 수 있어야 한다. 그리하여 우리 한국 사회와 한국인들이 구린 곳이 없는, 썩은 냄새 풍기는 '떡값'과 비밀 하수구에 버리는 '공해물질'도 즉시 발견될 수 있는, 그러한 사회와 사람들이 될 수 있을 것이다.

2. 갯벌에 대하여

필자의 고향은 전남 고흥의 바닷가이다. 그곳 고흥만에서는 지금 간척 공사가 한창이고 호수 같은 그 바다는 막혀 버리고 말았다.

그곳에는 바위에 부서지는 파도가 있었고, 구름과 바람, 쏟아지는 비, 펄펄 내리는 눈과 더불어 노래하는 바닷물이 있었다. 햇빛이 쨍쨍 내리쬐는 날에는 매 시간마다 얼굴이 바뀌는 바닷물은 석양이 서산으로 넘어갈 때쯤이면 수줍은 처녀의 얼굴이 되었었다. 달빛 쏟아지는 바닷가에는 갈대밭도 있었고 고깃배를 타고 바다를 달릴 때는 마을과 산들과 함께 바다는 한 편의 시(詩)였다.

더구나 썰물이 빠져나간 갯벌은 꼬막, 조개, 굴 등의 해산물들이 우리 마을 사람들의 중요한 수입원이었다.

해양수산개발원장 조왕제 님의 지적대로

(『서울경제신문』 1997. 5. 10.) 갯벌의 생산성은 간척지의 쌀 생산과 비교하여 3.3배나 높다고 한다.

  지금 우리 마을 부녀자들은 그 갯벌을 빼앗겨서-그곳에서 얻은 수입으로 지식들을 대학까지 보냈다.-봉고차를 타고 먼 동네까지 가서 마늘 까는 일 등에 잡역부로 나간다고 한다.

  도대체 누구를 위한 간척인가?
  (공무원 친구의 말을 빌리면 농어촌진흥기금에 돈이 남아 있고 지자체 등에서 강력히 원하기 때문에 간척 사업을 계속하고 있다고 한다.)

  이제 이런 무식한(?) 또 무익한 간척 사업은 제발 중지되었으면 한다. 국민들은 엄청난 손해를 보고 단지 관료들과 토건업자만

배를 채우고 있다.

시골 부모님의 표현대로 하면 '10분지 1'로 줄어든 수입의 감소가 가장 큰 문제이지만, 그 '달빛 가득한 바다'도 소중한 것이 아니겠는가?

(2005년 10월 1일, 청계천은 복원되었다.)

「시냇물과 갯벌」 당선 소감

작년 봄 3월,
91세 되신 아부지를 두고 어무이가 돌아가셨다.
오랜만에 할아버지, 할머니 집에 온 우리 아들딸이 가장 슬퍼한 건 이제 할머니가 안 계신다는 것이었지만, 정말로 아쉬워한 것도 하나 있었다.

그건 바로 조금만 걸어가면 만날 수 있었던 바닷물을 더 이상 볼 수 없다는 것이었다.
할아버지 환갑잔치 때, 설, 한가위 등 명절 때 시골에 오면 사촌, 육촌 형제들과 바닷가로 뛰어가서 물장구치고 망둥이 같은 조그만 물고기들과 놀던 그 바다가 고흥만 간척으로 없어지고 만 것이다.
나도 어릴 땐 당연하게 봐 왔던 그 바다!

학교 갈 때의 바다와 수업 마치고 집에 올 때의 그 바다는 매 순간 그 낯빛을 바꿔 가면서 우리를 바라보아 주었고 겨울 높새바람이 세차게 불어올 때는 그 바다도 험상궂은 얼굴로 우리를 맞이하곤 하였다.

갯벌에서 나는 꼬막, 굴, 게, 낙지, 생선 등은 바다 없는 동네에 비해서 훨씬 풍요로운 생계를 유지하게 해 주었는데, 그런 바다를 우리는 왜 그냥 내버려두지 않는지?

청계천을 복원했듯이 도심 곳곳의 시냇물도 다시 우리 품으로 돌아와야 한다. 시냇물 따라 자전거 길과 산책로를 만든다면 힘들여 따로 공원을 만드는 수고를 하지 않아도 될 것이다.

처음 본 영화는 「흙」

초등학교 2학년 때
고흥읍에 「고흥극장」이 개관하였다.
할무이께서는 장에 갔다 와서 "읍에 큰 집이 생겼다. 극장이란다."라고 말씀하셨다.

언제나 구경할 수 있을까 고대하고 있었는데 3학년 때 드디어 단체 관람.
2열 종대로 줄지어 화지기 재를 넘어 읍으로 향하였다. 늦은 봄이라 상당히 더웠지만 처음 보는 영화라 우리는 너무도 신이 나서 짝꿍과 재잘거리면서 고갯길을 넘고 있었다.

행정구역은 고흥읍이지만 화지기 재로 가로막혀 깡촌인 8개 마을과 고흥서초등학교는 읍에서 6km나 떨어져 있었고, 전기가 들어온 건 1972년 중 3 때였다.

당시 화지기 재를 넘어가는데 읍 쪽에서 한복을 이쁘게 차려입은 아줌마가 넘어오고 있었다. 그 아줌마와 인솔 선생님은 너무나 반갑게 인사를 하고, 우리를 세워 놓고는 한참 대화를 나누셨다.

"먼 영화다요?"
"「흙」입니다."
아마도 그 아줌마가 물어봤기 때문에 내가 그 영화 제목을 아직도 기억하고 있을 것이다.

그 아줌마는 또 말하였다. "아마도 이광수 소설을 영화로 만든 거겠죠?"

중학생 시절 사촌 형 서가에서 가져온 한국문학전집, 세계문학전집을 열심히 읽을 때 이광수의 『흙』도 읽은 건 기억나지만 내용은 잘 기억나지 않는다. 심훈 『상록수』랑 비슷

한 내용이었나?

어쨌든 그 아줌마는 그 부근에서 유일한 술집이자 바닷가 외딴 주막집의 주인이었고 어린 생각에도 '저 선생님이 그 집의 큰 고객인가?' 그런 생각이 들었다.

5학년쯤 되었을 때는 설날 세뱃돈을 모아서 동무들끼리 영화도 보러 갔다. 「외팔이 시리즈」를 몇 개 본 것 같다.
악당에게 온 식구가 죽임을 당하고 주인공은 겨우 살아남았지만 팔 하나는 없어진 상태.
그러나 피나는 수련으로 무술의 고수가 되어 눈 덮인 산에서 원수를 만나 처절하게 복수를 하는….
아무튼 그때는 너무너무 재미있었다.

중학교에서는 단체 관람으로

엄앵란 주연 「유관순」, 문희 주연 「미워도 다시 한번」, 김희갑 주연 「팔도강산」 등을 보았고 영화 시작 전 월남전 소식도 20분 정도….

극장 안에서,

읍내 고흥동초등학교 졸업한 애들이 고흥여중 여학생을 소개해 주기도 했으나 너무나 열로와서(부끄러워서) 아무 말도 못 한 건 물론이고 영화 시작 전까지 끝끝내 고개를 푹 숙이고는 극장 바닥만 쳐다보고(내려다보고) 있었다.

촌놈은 서울을 좋아해
 - 금오공고 1기 졸업 40주년 문집 『농담(濃淡)과 여백(餘白)』 게재

1. 내 별명은 3개

어릴 적 내 별명은 세 개였다. 비쩍 말랐다는 의미에서 생강장시, 마늘장시(서울말로 장수)가 하나요, 입술이 신익희 선생 닮았다고 시니끼(나한테는 이렇게 들렸다)가 두 번째요, 여든 살 먹은 영감이 속에 들어앉아 있다는 뜻으로 야든이(서울말로는 여든이)가 세 번째이다. 우리 집 바로 옆에는 할아버지, 할머니와 큰아버지, 큰어머니, 사촌 형들이 사는 큰집이 있었다. 그 옆에는 작은할아버지, 할머니, 큰 당숙, 숙모 사는 작은집이 있었고 그 아래는 작은 당숙, 숙모 사는 당숙집이 있었다. 이 모든 분이 내 친구(?)였고 나를 너무들 사랑해 주셨고 이 집들이 모두 내

놀이터였다. 큰아버지는 연, 썰매, 팽이 등을 만들어 주셨고 특히 당숙들은 내 이름은 거의 안 부르고 별명으로 항상 불러 주셨는데 이를테면, "야든아! 어디 갔다 오냐?"

2. 내 고향은 고흥 깡촌

중 3(1972년) 가을에야 전기가 들어온 곳이었다.(고흥 유(柳)씨만 사는 집성촌이었고 유관순 열사, 유인석 의병장, 『어우야담』 쓴 유몽인 정도가 고흥 유씨 유명인) 고흥에서 초등학교 저학년 다닐 때는 진짜로 서울에는 모든 도로가 황금으로 포장되어 있는 줄 알았다. 엄마 아빠는 서울에서 살지, 왜 이런 촌구석에다 나를 낳아 놓은 거냐고 불만이었다.

고흥중학교에 입학하여 첫 시험에서 전 과목 모두 100점을 맞고 한 과목은 2점짜리 한 문제만 틀려 평균 99.9가 나와서 고흥중

27년 역사상 처음 성적이라고 난리가 났었다.(그때까지는 전 학년 1등 점수가 주로 88점에서 92점 사이였다고 함) 이때부터 고흥 천재라고 불리게 되었는데(박경옥이 자꾸 이 단어를 쓰기에 고흥에 아는 사람이 있는 줄 알았음) 어느 날 짝꿍 고범용에게 "사람들이 자꾸 날 보고 천재라는데 나는 수재 정도지, 천재 되려면 김시습, 최남선 정도는 되어야 하는 거 아냐?" 했더니 그 친구 왈, "너 천재 맞거든. 너에 대해 어떻게 소문났는지 아냐? 늬가 새벽 두 시에 공동묘지 가서 해골 물 마신다더라." "맙소사! 내가 무슨 원효대사인가?" 어쨌든 고흥중학교 졸업할 때까지 공부 좀 잘한다는 이유로 아주 왕자님 대접을 받으며 살았다. 한국문학전집, 세계문학전집 등 읽으면서 상상의 나래를 펼치고.

3. 드디어 서울 입성

금오 2학년 말 군대 5년 복무가 확정되었다. 내가 왜 고교 졸업 후 바로 군대에 가야 하며 그것도 5년씩이나? 나는 도저히 받아들일 수 없었다. 3학년 시작되는 2월 말 학교 간다고 집을 나서서 서울 고모 집(당시 이문동)으로 도망. 검정고시 학원에 등록하여 공부하고 있었다. 그런데 3월 20일쯤, 아버지한테 검거되어 구미로 압송, 무기정학 처분. 한 달 동안 본관 4층 도서관에서 하루 종일 반성문 썼다.

4. 두 번째 서울 입성

1976년 2월 20일이 졸업식인데 2월 1일부터 학교 오란다. 일단 1월에 서울로 갔다. 이번에는 비원(지금은 창덕궁) 앞 와룡동에 하숙방 얻어서 아침에는 비원 산책(그땐 무료 개방), 낮에는 광화문, 지금 포시즌 호텔 건너 풀잎문화센터 자리에 있는 「엘리트 외국어학원」에 등록하여 스크린 영어 한 강좌 때리고는 재상영관 다니며 추억의 명화를 보면서 소일하였다. 화신백화점 5층에 있는 「종로극장」에서 「대장 부리바」 영화 볼 때는 주기철과 마주치기도 하였다. 2월 20일 새벽에 금오 기숙사에 도착하여 졸업식 참석을 하였다.

5. 세 번째는 성공?

졸업식 후 일주일을 집에서 먹고 자고, 뒹굴다가 2월 26일 부산 반여동 병기학교에 입소하였다. 5월 김해 공병학교에 배치되어 근무하던 중 12월 17일부로 서울 독산동에 위치한 창설부대인 육본 직할 도하단으로 전출명령을 받았다. 속으로 '아싸! 서울 간다.' 했다. 동기 여섯 명과 환송 모임을 하고 부대로 들어오는데 이충렬이 나를 껴안으면서, "제화야, 정말로, 진짜, 미안하다." 이랬다. 너무도 진지하고 심각한 표정이었다.

"왜? 무슨 일이야?"

"사실 내가 전출 명령을 받았는데 죽어도 못 가겠다 했더니 늬가 가게 됐다."

"괜찮아."

"아냐, 진짜 미안하다."

나는 서울 가게 되어 너무 좋다고 차마 말하지는 못하였다.

그리하여 고흥 깡촌 촌놈은 1976년 12월부터 꿈에 그리던 서울에서 살게 되었다.

남이섬

나치 압제하에서 4년간 억압받던 프랑스가 해방되자 영국에서 귀국한 드골 장군이 맨 처음 한 일은 나치 부역자 1만 명을 총살에 처한 것이다. 물론 전 재산도 몰수하였고.

대한민국은 어떠한가?
이승만을 비롯한 친일 세력들이 김구, 여운형 등을 암살하고 반민특위를 파괴하여 친일 역적들을 한 명도 처단하지 못하였으니 참으로 통탄할 일이다.

지금 와서 부관참시를 할 수도 없으니….

2005년 국회를 통과하여 시행 중인 '친일재산환수법'을 개정하여,

대한민국도 민족문제연구소 발행 친일인명사전에 등재된 친일 역적들 후손의 모든 재산은 국가에서 몰수하여 국유화해야 한다.(지금은 개인 명의의 부동산만 환수 가능)

이런 조치를 통하여 김성수, 방응모, 홍진기의 조선, 동아, 중앙을 국유화하고

고려대, 이화여대, 상명대 등 친일 사학을 국립대로 전환하여야 한다.

남이섬 스위스그랜드호텔 등 법인 명의로 숨긴 재산을 국유화해야 한다.

물론 국립묘지를 더럽히고 있는 왜구들 파내야 하고.

반민특위를 파괴하고
친일파를 중용하고
6.25 나자 "수도 사수하겠다."라고 방송하

고는 자기만 도망가고, 한강대교 폭파한 이승만도 파내야 한다.

전국에 있는 친일 부역자의 비석, 동상, 안내판 등에는 동일한 크기로 바로 옆에 안내판 등을 만들어서 친일 행위를 표기해야 한다.

왜구 안익태가 만든 애국가를 새로 만들어야(안창호 선생이 만든 가사는 그대로 사용)한다.

교과서에는 친일 분자들이 만든 문학작품, 노래, 그림 등을 모두 삭제해야 한다. 이순신 장군 초상화 등도 친일 분자들이 그린 것은 폐기하여야 한다.

사학계, 미술계, 음악계 등에 포진한 일제 부역자의 제자, 손제자, 증손제자 등은 모두 교직에서 추방하여야 한다.

한국과 미국, 세 장면

1. 식민지 나눠 먹기

 미국 육군성장관 태프트와 일본 수상 가쓰라는 필리핀과 조선을 나눠 먹자고, 즉 식민지로 만들자고 밀서를 교환한다.
 1905년에 일어난 일인데 이때 고종은 조미수호조약에서 약속한 대로 미국이 조선을 지켜 줄 거라고 믿었다고 한다. 1924년쯤 이게 폭로되어 미국 내에서도 큰 논란이 되었다.
 이 장면에서 한국의 역적은 일본과 미국.

2. 왜 피해국에 38선을 그어 분단국으로 만드나?

 원폭 투하로 일본이 항복하였다. 이때 역

적 소련과 미국은 한반도에 38선을 그었다. 가해자 왜구국에 그어야 할 38선을 피해자 한국 땅에 긋다니 미친놈들 아닌가? 유럽에서는 가해자 독일을 분할하여 동독, 서독으로 나눴다.

(솔직히 요즘도 새벽에 가끔 일어나서 소리 지를 때가 있다. 야, 이놈의 역적들아! 왜 38선을 왜놈 나라에 두지 않고 한국 땅에 그었단 말이냐?)

더구나 미군 사령관 하지 중장은 대한민국 임시정부를 인정하지 않고 친일파를 데리고 행정 업무를 하고 이 친일파 우대 사회는 이승만이 계승하여 지금까지 계속되고 있다.

해방 직후 일기를 쓴 사람들 증언에 의하면 친일파들은 집 밑에 굴을 파고 숨는 등 숨죽이고 있다가 1주일도 지나지 않아 고개를 빳빳이 들고 반공을 외치면서 오히려 큰소리 치며 살았다고 한다.

나치 압제 4년 만에 해방된 프랑스에 귀국한 드골 장군이 맨 처음 한 일이 나치 부역자 1만 명을 총살에 처한 것이다. 물론 전 재산을 몰수했다.

3. 육이오 동란

미국은 육이오 직전 애치슨라인을 발표, 한국은 방위선 밖이라고 선언하고 미군을 철수시켰다.

이런 상태에서 이승만과 국방장관 신성모는 입만 열면 떠들기를 "만약에 전쟁 나면 1주일 내로 북진 통일을 완수할 것이다." 하면서도 국방 상황을 점검하지도 않고 아무런 대비도 하지 않았다.

그 대신 날마다 파티를 열고 술을 퍼마시고 있었다.

스탈린의 지원과 승낙을 받은 김일성이 남

침하였고 3일 만에 서울이 함락된다. 이승만은 "죽음으로써 서울을 사수하겠습네다."라고 라디오 방송을 하고는 밤중에 기차 타고 대구역에 도착하였다. "너무 많이 왔나?" 하고 대전역까지 '빠꾸'하였다. 이승만 자기만 도망가고 한강대교는 폭파하였다. 피난 중이던 시민 약 9백 명 즉사.

트루먼이 참전하여 미군 5만 명이 사망하면서 한국을 위해 싸웠고 압록강까지 갔다가 중국군 참전으로 후퇴하였다. 38선 비슷하게 휴전선을 확보하여 오늘에 이르렀다.

4. 통일

미, 중, 러, 이 세 나라와의 관계를 어떻게 할 것인가?

평화적으로 밀접하고 활발한 경제 교류를 해 나가야 할 것이다.

또한 어떤 일이 있더라도
남북통일은 꼭 이루어야 한다.
좋은 방법이 없을까?

Ⅲ. 콩트

면접 보러 가는 아이들

1973년 1월 어느 날,

아부지와 함께 아침 일찍 집을 나섰다. 한 시간 반쯤 걸어서 고흥 차부(요새는 터미널이라고 하지만 '차부'가 더 정감 있는 말이다)에 도착하였다. 거기서 버스 타고 두 시간 넘게 달려 벌교역에서 부산 쪽으로 가는 완행열차를 탔다. 생전 처음으로 타 보는 기차였다.

아마도 순천역에서 김중수, 정병찬 등 순천 친구들이 기차를 탔을 것이다.

다행히 자리는 잡았다. 그런데 건너편 자리에서 어떤 신혼부부와 신랑 친구들 댓 명이 와자지껄 떠들고 있었다. 신랑 친구들이 신부를 많이 놀려 댔으나 신부는 가볍게 미소만 지을 뿐, 조용히 앉아 있었다. 내가 보기에는 신부가 너무 이뻤다.

나는 그녀가 하늘에서 내려온 선녀가 틀림없다고 생각하였다. 나는 소설책에 나오는 이쁜 여자들을 떠올리면서 그 여자들도 저렇게 생겼을 것이 분명하다고 생각하며 넋을 잃고 쳐다보고 있었다.

진주 부근이었을까. 갑자기 쾅 소리가 나더니 끼익 기차가 멈추었다. 창밖을 보니 맙소사! 우리 기차가 건널목을 건너던 어떤 버스를 받아 버린 것이었다. 피를 흘리며 사람들이 여기저기 쓰러져 있고, 심지어 어떤 엄마가 쓰러져 있는데 세 살쯤 되어 보이는 아기가 엄마를 부르며 울고 있었다. 사람들은 나가서 그들을 도와야 하는지 생각으로만 우왕좌왕하고 있었고 열차 승무원들은 승객들이 못 내리게 막고 있었다. 곧 경찰관들이 왔고 다친 사람들을 차에 싣고 급히 떠났다. 기차는 바로 출발하였다.

나는 사고를 당한 그 불쌍한 사람들을 곧 잊어 먹었다. 창밖에서 일어난 어떤 비현실적인 영화 장면인 것처럼 현실에서 일어난 사건이라고 실감하지 못하였다.

나는 다시 그 신부를 쳐다보다가 삼랑진역에 내렸다. 하룻밤 자고 구미로 올라가는 기차를 타야 했기에 역 가까운 여인숙에 들어갔다. 거기에서 순천역에서 승차한 김중수, 정병찬 등 친구들과 "금오 면접 가느냐?" 물어보고 서로 소개하고 나서 바로 친구 사이가 되었다.

아침에 일어나 마당에서 세수를 하고 얼굴 닦고 있는데 중수가 내 어깨를 툭 치더니 "세수하고 나니 이뻐졌네?" 하면서 나를 놀렸다. 우리는 그전부터 알고 지내던 친구들처럼 재잘거리면서 경부선 완행열차를 탔다.

구미에 도착하니 또 어둑어둑 저녁이 되었고 구미읍 신평동 이장님의 지휘 아래 하룻밤 재워 주고 밥도 차려 주실 동네 가정집으로 흩어졌다.

다음 날 면접시험 후 합격한 우리들.
3년간 기숙사 생활.
1, 2학년 여름방학에는 32, 39사단에서 2주간씩 군사훈련.
5년간 군 생활.
제대 후 학교로, 직장으로….

중수는 유군병기학교 교육 중 미국 유학생 선발 시험에 합격하여 유학 후 군 생활을 계속하다 준위로 제대하였다. 고흥군 두원면으로 귀촌하여 농사도 짓고 있다.

 1973년 1월 면접 보러 가던 그때 일은 지금도 하나의 단편영화처럼 내 머릿속에서 생생하게 되살아나곤 한다.

Ⅳ. 단편소설

화지기 재

새복 다섯 시백에 안 됐는디 먼 날만 되면 시작되는 아부지 잔소리가 온 집안을 쩌렁쩌렁 울렸다.
"얼렁얼렁 인나서(일어나서) 준비하고 나가그라. 시방 몇 신디 당아(아직도) 자빠져 자고 있냐?"

'오마 참말로 화지기 재 지각[재각(齋閣) 운곡사(雲谷祠)]에서 일곱 시에 만내기로 했는디?'

잠은 달아났고 나는 인나서, 세수하고 밥 묵고 나설 준비를 했다.
"긴장하지 말고 시간 배분을 잘 하고…."
등등 아부지의 일장 연설이 시작되려 하자 어무이가 만면에 웃음을 띠고 내 손을 잡으며 언제나처럼 딱 한마디 하셨다.
"영님해라(잘 해라), 이이."

봄비가 가볍게 내리고 있었고, 안개는 들판과 산허리를 감싸고 있었다.

어무이는 마을회관 앞에 서서 내가 안 보일 때까지 날 쳐다보고 계셨다.

돌깨 솔개를 지나 연진이네 방앗간과 호동 점빵도 지나 지각에 도착하자, 담임 유중연 선생님 말씀대로 이재월 선생님이 나를 지둘리고 있었다.

나는 속으로
'아따 부지런도 하네. 약속 시간 30분 전에 오셨구만.' 하였다.

근데 가이내(여학생) 두 명이 더 있어서 나는 깜짝 놀랐다.

나랑 같은 6학년인 옥희는 글짓기 경시대

회에 나가고, 3학년인 교장선생님 딸은 그림 그리기 경시대회에 간다고 했다.

  네 명 일행은 읍에 있는 고흥동국민학교를 향해 출발하였다.
  나는 한 학년 가이내가 있응께로 열로와서 (부끄러워서) 암말도 못 하고 입 꾹 다물고 따라가고 있었다.
  이재월 선생, 옥희, 교장 딸, 이렇게 세 사람은 나란히 걸어가면서 재잘재잘 도란도란 키득거리며 즐겁게 걸어가고 있었다.

  드디어 고흥동국민학교에 도착하였다.
  고흥군 교육청 관계자들의 안내로 고흥군 학력 경시대회 교실에 들어가니 내가 제일 먼저 입장하게 되었다.
  책상 위에는 참가번호와 학교 이름이 쓰여 있었는데,

1번은 고흥동 송담숙

2번은 고흥서 유제화

이렇게 되어 있었고, 모두 50명 정도 되는 것 같았다.

'고흥군에 국민학교가 이렇게 많응가?'

'동교는 가이내가 1등인 모양이네?'

이런 생각들을 하면서 앉아 있으니, 조그만 키에 까무잡잡한 가이내가 여유 있는 표정으로 감독관 선생님들과 웃으며 인사말을 나누고 들어와 1번 자리에 앉았다.

여덟 시에 시작한 시험은 오후 두 시에 끝났다.

고흥동국민학교는 건물 외형은 우리 고흥서국민학교보다 좋은 것 같았지만 교실 안이나 화장실은 우리 학교랑 똑같았다.

교실을 나서니 아침에 같이 왔던 일행은

보이지 않았다.

'당연히 그림 그리기나 글짓기는 진작에 끝났겠지.' 생각하면서도 약간 허전한 느낌이 들었다.

교문을 향하여 걸어가고 있는데 이재월 선생이 헐레벌떡 뛰어오고 있었다.

여럿이 우르르 걸어가고 있었고 그중 내가 키도 쬐깐하고 그래서 날 잘 못 찾는 것 같아서,

"선생님."

하고 불렀다.

"시험 잘 봤나?"

"예, 뭐 그럭저럭."

그런데 이재월 선생은 뭔가 급한 일이 있는 것처럼 허둥대더니 교문 앞 과일 가게에서 사과 한 개를 사서 나에게 주었다.

"난 약속이 좀 있다. 늬는 집으로 가거라."

"예."

'나름 멋 부리는 총각 선생이니 아마도 어떤 아가씨와 만나겠지.'
이렇게 생각하였다.

사과는 맛이 좋았다.
근데 간천마을 집에까지 한 시간을 걸어오니 배가 고팠다.
"어무이, 밥 좀 주씨요."
했더니
"시방 세 신디 선생님이 밥도 안 사 주드냐?"
하시며 점심을 차려 주셨다.

그날 일은 다 잊어 묵고 평범한 날들이 지나갔다.
근데 한 달 뒤쯤에 뜻밖의 소식이 들렸다.
내가 1등을 했다는 것이다.
쪼금 신기한 느낌이 들었다.

나를 비롯한 학생들은 별 느낌이 없었는데 두 집단은 상당히 흥분하였다.

선생님들 한쪽.

아부지와 하내(할아버지) 한쪽.

우선 선생님들 집단은 전교생 모아 놓고, 고흥군 교육감 명의의 상장을 교장선생님께서 대독 수여하시고는, 상장을 다시 달라고 하며 회수하였다.

그리고는 모든 선생님이

"장하다. 잘했다. 고흥군에서 1등… 훌륭하다."

등 극진한 칭찬을 하며 머리를 쓰다듬어 주셨다.

그날 이재월 선생도 마주쳤는데, 화지기재에서 동교까지 안내해 주신 분이라 반갑게 인사하였지만 나를 보자 얼굴이 빨개져서 고개를 숙이고 지나가 버렸다.

나는 생각하기를
'참 구여운 선생님이네.'
하였다.

나는
'교육감상에 부상은 없나? 만년필이나 아무 책이라도 좀 주지.'
라고 생각했다.

만년필은 갖고 싶었는데 아부지가 안 사 주셨고, 책은 뭐든 읽고 싶은데 책이 없어서, 학교에 있는『어깨동무』잡지도 보고, 하석이 집에 가서 하석이 형님께서 사 놓은『여원』잡지도 보고 그랬다.

심지어 우리 집과 하내 집 사이에 있는 빈 집에 들어가서 벽에 도배된 옛날 잡지를 읽기도 했다.

책에 대한 갈증은 그로부터 1년 후에야 풀렸으니 사촌 형님이 국민학교 선생님이 되셔서 한국문학전집, 세계문학전집을 하내 집에 들여놓아서 아주 즐겁게 해결되었다.

　또 한 집단은 아부지와 하내.
　하내도 아주 좋아하셨고, 평소 무뚝뚝한 아부지가 다정한 목소리로
　"잘했다. 고생했다."
　해서 놀랐다.
　그럴 수밖에 없는 것이 나는 몸이 약해서 꼭 1년에 한 번씩 감기를 심하게 앓았는데 그때마다 이틀 정도 결석을 하곤 했다.
　그때마다 아부지는
　"저, 저, 으젓짠한 것. 학생이 학교를 가야제, 어째 그라고 둔너(누워) 자빠졌냐? 얼렁 인나서 학교 안 가고 멋 하고 있냐?"
　이랬다.
　어무이가
　"왜 그라요, 잔. 애기가 아퍼서 그란디…."

이런 식이었고. 1등 하라고 귀가 닳도록 얘기해서 1등 한 성적표를 가져다드려도 한 번 쓱 보고는

"알았다."

하는 양반이라 이번에 일어난 일은 조금 신기하였다.

2년 뒤 고흥중학교 2학년 때에야 알게 되었다.

아부지가 고흥동국민학교와 고흥중학교에서 계속 전교 1등을 했다는 걸.

그전에는 아무도 얘기해 주지 않아서….

그런데 이때부터 상장 시달림이 시작되었다.

당장 상장을 받은 그날 집에 가자마자 아부지께서 말씀하시기를

"상장 어딨냐? 얼렁 주라."

"선생님께서 도로 달라고 해서 드렸는디

요."

"그래, 낼 꼭 찾어온나."

"예."

다음 날 종례 시간에 담임 유중연 선생님께

"아부지가 상장 찾어오라는디요."

했더니,

"교감선생님께서 갖고 계시는데 모래 줄게."

그러셨다.

집에 가서 그대로 보고하니

"그라먼 모래 꼭 찾어온나."

하셨다.

모래가 되니 선생님께서

"내일 줄게."

또 그러셨다.

그다음 날에는

"주번 선생님께 받아 가그라."

하셨고 그다음 날에는 주번 선생님도
"내일 줄게."
또 그러셨다.

나는 두 집단에 시달리는 게 화가 났다.
아침에 또 아부지가
"오늘은 꼭 상장 받어 온나."
하시길래
"그놈의 종우 때가리(종이 쪼가리) 상장이 머인디 이 난리다요? 교육감이 나한테 준 것인디 나는 필요 없응께 찾어오라 그란 소리 하지 마씨요."
하고 대들었다.
"머시라고야? 아부지는 꼭 그 상장이 있어야 쓰겄다." 하셨고 결국 어무이가 날 끌고 뒤안으로 가서 한참 나를 달래 주셔서 나는 겨우 참고 학교에 갔다.

종례를 마치고 동무들은 모두 집으로 가고 나만 무다이(괜히) 학교 운동장을 한 바꾸 돌고 나서 주번 선생님을 만나러 갔다.

아뿔싸!
나는 깜짝 놀라고 말았다.
문은 활짝 열려 있었다.
그런데 교실 안에서는 의자에 앉은 유부남 선생님과 무릎을 바닥에 댄 처녀 선생님 둘이서
"선생님, 사랑해요."
하면서 열정적으로 격렬한 키스를 나누고 있었다.
그냥 키스만이 아니고 서로 온몸을 쓰다듬고 어루만지며….

나는 그대로 얼음이 되어 버렸다.
어떻게 해야 하는지 도저히 생각이 나지

않았다.

머릿속이 하얘지고 너무 당황이 되었다.

나는 한참을 쩔쩔매고 있다가 겨우 한다는 게

"선생님."

하고 소리 내어 부르는 것이었다.

결국 나는 방해꾼이 되고 만 것이다.

그냥 가만히 있었으면… 어떻게 되었을까?

지금까지도 그때 일이 가끔 떠오를 때면 나도 모르게 미소를 지으면서 궁금해지곤 한다.

며칠 지나고 생각해 보니 이 '구경'이 만년필이나 책 대신에 나에게 주어진 부상인가 싶었다.

구경 부상 사건이 지나가고 보름 뒤쯤, 결

국 하내께서는 선생님들 희망대로 학교 선생님들 전부 우리 집보다 넓은 하내 집으로 초대하여 한턱 거하게 대접하셨다.

그날은 선생님들 오신게로 집에 있으라는 아부지 말씀에 집에서 『어깨동무』잡지를 보고 있는데, 문밖에서

"제화야."

하는 다정하고 귀에 익은 목소리가 들려 나가 보니 4학년 때 담임 김병문 선생님이 계셨다.

날 굉장히 이뻐하신 분인데, 그날도 많은 칭찬과 좋은 말씀을 해 주셨다.

이날 교장선생님께서 상장을 하내께 드렸고, 할무이, 큰어무이, 당숙모들까지 음식 준비를 하느라고 고생이 아주 많으셨다.

아폴로 11호가 달에 착륙하는 7월을 향하

여, 우리의 6학년 여름은 그렇게 익어 가고 있었다.

단편소설「화지기 재」당선 소감

 같은 고흥읍이지만 동쪽에 있는 '읍내'는 군청, 경찰서, 우체국, 시장, 약국, 중학교, 동국민학교 등이 있는 도시였고, 서쪽에 있는 8개 마을과 고흥서국민학교는 바닷가에 있는 깡촌이었다. 1972년 가을에야 전기가 들어왔다.

 그 사이에는 '화지기 재'라는 고개가 가로막고 있었기 때문이다. 버스도 없던 그 시절 고흥중학교까지 걸어가는 데 한 시간이 족히 걸렸다. 6km 거리.

 할아버지 혹은 어무이를 따라 5일장에 가면 선풍기와 텔레비전은 너무 신기하였고 국밥도 아주 맛있었다. 물론 화지기 재를 넘어가야 장에 갈 수 있었다.

이렇듯 더 넓은 세상으로 나가기 위해서는 반드시 넘어야 하는 화지기 재를 밟고 지나, 군 학력 경시대회에서 나는 좋은 성적을 거두었다. 큰 세계로 나갈 마음의 준비를 하게 된 것이다.

그리하여 화지기 재에 올라서면, 멀리 보이는 봉황산을 바라보며 '세상아, 우주야, 내가 왔노라.' 이렇게 맘속으로 외치곤 하였다.

이제 국민학교 6학년 때 있었던 일을 바탕으로 한 편의 단편소설을 내어놓고 보니, 주마등처럼 스쳐 가는 많은 장면이 떠오르고 아련한 추억들이 아침 안개처럼 내 몸을 휘감는다.
이번 이야기가….
가슴속에 묻어 둔, 그렇지만 아무에게도 말하지 못했던 장면들을 계속 끄집어낼 수 있는「화지기 재」가 되기를 다짐해 본다.

V.
공동체 대한민국에 보내는 글,

2025-1 헌법개정(안)

2025-1 헌법 개정(안)

(제2차 시안임, 7차까지 수정 보완 예정)

구분	현행	개정(안)	구분
전문	4.19 민주이념 8차에 걸쳐 1987년 10월 29일	4.19 및 5.18 민주이념 9차에 걸쳐 2025년 월 일	추가 변경 변경
제4조		국가는 전 지역 국회의원 선거로 통일을 완성한다. 북한지역 부동산은 국유재산이며 분단 전 소유자에게는 법률에 의해 국가가 보상한다.	추가
제7조		③선출직 공무원 임기는 4년이며 같은 자리에 연속 당선된 자는 바로 다음 세 번째 선거에는 입후보할 수 없다. 결선투표와 주민소환제를 법률로 정할 수 있다.	추가
		④법원장, 경찰청장, 기소사무소장 등 공직자도 공직선거로 선출할 수 있다.	추가
제8조		⑤정당은 선거별 선거구에 거주하는 당원의 보통 평등 직접 비밀 투표로 후보자를 결정한다. 각 선거구의 당원 대표가 경선과정 및 결과를 선거관리위원회에 보고하여 공직선거후보자를 등록한다. 전자투표도 가능하다. 대통령과 비례대표국회의원의 경선결과는 정당대표가 보고하여 후보자 등록한다. 비례대표 입후보자 선출도 각 당원이 1인 1표로 경선 후보자에게 투표하여 득표 순위에 따라 후보자를 결정한다. 당내 경선에서 탈락한 자는 무소속이나 다른 당 후보로 입후보할 수 없다.	추가
		⑥정당의 이름은 세 글자로 하여야 하고 마지막 글자는 "당"으로 한다. 인칭 명사는 사용할 수 없다. 국회의원 총선거에 후보를 내지 않거나 의석을 얻지 못한 정당은 즉시 해산한다. 해산 30일 이내에 해산 전과 같은 대표자가 창당 절차에 들어가면 기존 당명 사용에 대한 우선권을 가진다. 광역자치단체 별로 각 5백명 당원으로 3개의 시도 당을 창당하면 중앙당을 창당할 수 있다.	추가
		⑦민족문제연구소 친일인명사전에 등재된 자, 쿠데타 간첩조작 등 반민주행위자 후손은 2145년까지 공직선거에 입후보할 수 없다.	추가

제9조		①민족문제연구소 발행 친일인명사전에 등록된 자 및 친일 분자로 밝혀진 자가 만든 문학 미술 음악 등 작품은 교과서 수록, 전시, 시설물 설치, 공연 등을 할 수 없다. 비교 등 특별한 목적으로 전시, 기념물 설치 등이 필요한 경우에는 반민족 이력을 반드시 표시하여야 한다. 현존하는 기념시설물 등에도 반민족 이력 표지판을 다른 표지판과 같은 크기로 바로 옆에 설치해야 한다. 동상은 철거한다.	추가
		②방송 광고 상품설명 저작 등 모든 문자 생활은 한글 아라비아숫자 공용부호로만 가능하고 한자 외국어는 괄호 안에 혹은 가로 세로 0.9이하의 크기로 병기한다. 상표 학술 논문 등은 예외로 하되 한 면에 상표만 표기할 수 없다. 수입 물품도 동일하다. 위반한 자에게는 법률에 정한 벌금을 부과하며 3개월 내 따르지 않는 경우는 생산 유통 배포 등을 금지하고 옥외광고판 영업장 등은 철거 폐쇄한다.	추가
제11조		②또한 심신 미약, 반성문 제출 등 이유로 감형 등의 특권을 부여할 수 없다. 공동주택은 분양과 임대가 혼재되어야 한다.	추가
		④국립묘지의 1인당 매장 면적은 예외 없이 1제곱미터로 한다. 친일인명사전에 등재된 자와 반민주 행위자는 매장할 수 없다.	추가
제12조	③검사의 신청에 의하여	③수사관의 신청에 의하여	변경
제13조		②단 친일인명사전에 등록된 자, 반민주행위자와 그 후손이 소유한 학교 부동산 주식 채권 현금 등 비실명 포함 모든 재산은 국가가 몰수한다. 단체 기업 등은 그 자체를 몰수한다. 몰수재산은 국토부 국유재산청에서 관리한다.	추가
제16조	검사의 신청에 의하여	수사관의 신청에 의하여	변경
제23조		①개인재산 초과 채무는 상속되지 않는다.	추가
	②...하여야 한다.	②전 국민의 복리를 위하여 지하자원 매장이 밝혀진 토지는 국유지로 전환되며 보상은 매장이 밝혀지기 전 시가의 10배 이내로 한다.	추가
	③공공필요에 의한 재산권의 수용...	③국가는 자치단체별로 국토의 70%가 국유지가 될 때까지 땅을 매입한다. 국유재산의 매각은 금지하며 임대만 가능하다.	변경
제25조		군인 등 모든 공무원은 불법적인 명령에 불복종할 권리가 있다. 또 이를 신고하여야 한다.	추가

제31조		③의무교육은 유아학교 초등학교 중학교 고등학교에서 시행하며 유아학교 초등학교의 방과 후 교실을 포함한다. 국가는 읍면동별 1곳 이상 24시간 돌봄 장소를 운영한다. 유아학교 초등학교 중학교 고등학교 학생은 학교 외 사교육을 금지하고 위반자는 처벌한다. 사교육은 부모와 법적 보호자만 가능하다. 단 음악 미술 체육 과목과 일반과목의 온라인 교육은 교육지원청의 허가를 득하여 사교육이 가능하다. 온라인 교육 희망자는 제한 없이 수강할 수 있어야 하고 수강료는 허가를 받아야 한다.	추가
		④서울소재대학은 지역별 인구비례 선발한다.	추가
제32조		①근로시간은 일주일 5일 이내, 하루 8시간 이내, 1주일 40시간 이내 근무함이 원칙이다. 주 4일 및 하루 4시간 근무제를 채택하는 기업에는 세제 혜택을 준다. 하루 8시간 중 1시간은 식사 및 휴식시간으로 제공하여야 한다. 8시간 이하로 근로계약을 할 경우에도 이 비율을 적용한다. 초과근무는 하루 4시간 이내 일주일 8시간 이내 가능하며 초과근무 수당을 지급하여야 한다. 주간 근무 공무원의 근로시간은 원칙적으로 오전 9시부터 오후 5시까지이다. 군인 등 경우는 따로 법률로 정한다.	추가
		②개인사업자 등의 형태로 근무하더라도 고용주나 경영자로부터 업무지시를 받고 일하는 경우는 업무 지시한 회사의 근로자이다.	추가
		③모든 근로자는 정규직이다. 용역직 파견직 계약직 등 비정규직 명칭의 사용과 제도 도입은 금지한다. 비정규직 제도를 도입 사용하는 고용주 경영자 등은 10년 이상의 징역형에 처하고 국가와 공공의 발주나 구매를 금한다. 이 헌법 규정을 위반한 고용주나 경영자에게는 근로자 1인당 10억원 벌금을 별도 부과한다.	추가
		⑦국가는 임신 출산 육아 과정 전체를 지원 한다. 출산한 부모에 대해서 경력 승진 등에서 우대방안을 마련하고 주택 교육 의료 등 관련 제도를 계속하여 개선해야 한다. 국가는 부모에게 출산 시 3년 이상의 전액 유급 출산휴가를 보장하고 태아와 부모에 대하여 임신부터 18세까지 의료비를 전액 부담한다.	추가

제34조		①병의원은 입원환자 간병을 기본 제공한다.	추가
		②군인연금 공무원연금 교원공제 사학연금 등은 기존 납부한 금액 기준으로 국민연금에 통합한다. 지급률은 국민연금과 동일하게 조정한다. 차액은 일시불로 정산한다. 국민연금 건강보험 고용보험 등은 각 관리주체에서 세금 납부액을 기준으로 계산한 개인별 총 합계액을 국가에 청구하면 재정에서 일괄 지급한다. 국민연금 지급액은 기 납부 금액과 세금 납부액에 비례한다. 2028년 기준 최하 월 1백만원 최고 월 5백만원으로 설계하되 매년 조정한다.	추가
제35조		①국가는 탄소중립 정책을 수립 실천해야 한다. 현 개발제한구역은 유지한다. 반도체 공장 등 전력수요 많은 시설은 전력생산시설 주변에 설치해야 한다. 4대강 보는 모두 철거한다. 현 비무장지대의 반을 국유지로 전환하여 보존한다. 공공장소의 쓰레기통은 투명한 재질을 사용한다. 담배꽁초 폐기물 등 무단투기자는 개당 혹은 cc당 1천만원 벌금을 부과한다.	추가
		③국가는 폐교 부지 등 국유지에 영구임대 등 임대주택을 매년 1백만호 공급하여야 한다.	추가
		④2028년 1월 1일부터 모든 주택은 준공검사필 및 등기부등본 등재 후에 매매할 수 있다.	추가
		⑤임대차나 신탁계약은 중개사나 변호사가 당일 등기 신청하고, 등기부등본 을구에 계약 내용이 등재된 후 안전결제로 잔금을 납입한다.	추가
		⑥주택 임대는 국가 등 공공기관과 은행 임대리츠가 영위하며 공공기관은 제곱미터 당 1천원을 월세로 받는다. 개인은 4채 이내만 임대 가능하고 신고하여야 한다. 다가구주택은 모두 다세대주택으로 바꾼다. 집단주택은 화재대피 공간을 마련해야 하고 구조변경은 불가하다.	추가
		⑦외국인의 부동산 소유는 금지한다.	추가
제38조		월세 소득자, 행상 등 소규모 사업자도 사업자등록을 해야 하며 국세청은 현장 지원을 해야 한다. 개인 혹은 사업자가 세금을 납부했다는 이유로 관련된 불법행위가 면책되지 아니한다.	추가
제40조		헌법과 법률에 반하여 시행령 등을 만들거나 운용하는 대통령과 국무위원 등에 대하여 국회는 즉시 탄핵 절차를 개시하여야 하고 고위공직자범죄수사처는 즉각 수사하여야 한다.	추가

제41조	②국회의원의 수는 200인 이상으로 한다.	②지역구 국회의원의 수는 총인구 나누기 20만으로 하며 비례대표 국회의원의 수는 지역구 의원 수의 20%로 한다. 소수점 이하는 버린다. 국회의원 선거에서 정당은 반드시 지역구 후보자를 5인 이상 내야하고 지역구 후보자의 20% 이상을 비례대표 후보자로 내세워야 한다. 이를 지키지 못하면 그 정당의 모든 입후보는 무효가 된다.	변경
제42조	국회의원의 임기는 4년으로 한다.	①국회의장 소속하에 감사원을 둔다. ②감사원은 세입 세출의 결산을 매년 검사하여 국회에 보고하고 국회의장은 이를 대통령에게 통보한다. 또한 국가와 법률이 정한 단체의 회계검사와 행정기관 및 공무원의 직무에 관한 감찰을 시행한다. ③감사원은 13인 이하의 감사위원으로 구성하며 원장은 위원회에서 호선 국회의 동의를 얻어 결정한다. 감사위원은 대통령 3인, 국회 5인, 시민단체연합회 5인 지명으로 결정한다. ④위원의 임기는 4년이며 중임할 수 없다.	변경 변경 변경 변경
제53조	④3분의 2	④5분의 3	변경
제59조		국가 및 모든 예산 사용 단위는 국제회계기준에 준하는 결산을 실시하여야 한다. 급여를 제외한 모든 경비는 지출한 금액을 불문하고 사용목적, 사용처, 지출장소, 참석자 등을 자세히 기재하고 증빙서류를 첨부하여야 한다.	추가
제70조	대통령의 임기는 5년으로 하며 중임할 수 없다.	대통령은 헌법과 법률을 준수하는 데 모범이 되어야 하며 특히 헌법과 법률에 반하는 시행령 등을 만들어서는 안 된다.	변경
제79조	①②③ 사면 복권 등	대통령 탄핵 결정은 국회 소추 30일 이내에 국민투표에 부쳐 국회의원선거권자 과반수의 투표와 투표자 과반수의 찬성을 얻어야 한다. 이때 대통령은 즉시 파면된다.	변경
제85조		전직 대통령의 묘지는 각자의 기념도서관이나 공원에 설치하며 국가는 비용을 일부 지원할 수 있다. 반민족 반민주 행위자는 제외한다.	추가
제87조	①국무총리의 제청으로	①국회의 동의를 얻어	변경
제89조	9.사면 감형과 복권 16.검찰총장	9.삭제 16.국가수사본부장 고위공직자범죄수사처장 경찰청장	삭제 변경

제96조		통일부와 행정안전부를 통합하여 통일부를 둔다. 여성가족부는 인구복지부로 바꾼다. 법무부와 법제처를 통합하여 법무부를 둔다. 한국토지주택공사의 주택부문은 주택부로, 토지부문은 국토부로 통합한다. 예산재정부 인사혁신부 국토부 교통부 주택부 보건부 인구복지부 과학기술부 정보통신부 등 부처를 둔다. 국방장관은 문민출신으로 한다. 정부나 공기업 등의 조직변화나 업무 재배정 등 필요한 경우 대통령은 공무원 및 공기업 직원을 재배치할 수 있다.	추가
제4관	감사원	수사 및 기소	변경
제97조	...대통령 소속하에 감사원을 둔다.	①수사는 고위공직자범죄수사처, 국가수사본부, 국유재산청, 특별수사관, 국립국어원, 경찰 등 법률에 의해 수사권을 가진 기관의 수사관이 실행한다. 수사관은 수사관서의 장이 임명하며 휘하 수사요원을 지휘한다.	변경
		②압수수색 등 영장 청구 및 발부 과정은 법률에 자세히 규정하여야 하며 대면 심사 과정을 포함하여야 한다. 각종 영장은 수사관이 법원에 청구하며 법관은 인권침해가 발생하지 않도록 심사하여 영장을 발부한다.	변경
		③국무총리산하 국가수사위원회는 국회5명 대법원3명 헌법재판소3명 인권단체4명 추천으로 구성하고 국가수사본부를 관할한다.	변경
		④고위공직자범죄수사처는 3백명 이상의 수사관을 둔다.	변경
		⑤국가는 독립된 수사기관이 필요할 시는 법률을 통하여 상시적으로 혹은 개별적으로 특별수사관을 둘 수 있다.	변경
		⑥외국인범죄에 대해서도 내국인과 동일하게 수사하고 범죄 관련포털 등은 차단해야 한다.	변경
		⑦수사 결과는 수사기관이 소재한 기초자치단체 안에 있는 기소사무소에 송부한다.	변경
제98조	...구성한다.	①기소는 기소관이 담당한다. 기소관은 법무부 기소국장 휘하 기소사무소에 근무한다.	변경
		②기소관은 법무부 기소국장이 변호사 중에서 선발하며 기소사무원을 지휘한다.	변경
		③기소사무소는 각 기초자치단체별로 경찰서 인근에 설치한다. 기소관의 수감자 접견은 수사기관 및 구금시설에서 실시한다.	변경
		④기소관은 타 부처 등에 파견할 수 없다.	변경

제99조	...보고하여야 한다.	①수사관은 수사권만 가지며 기소관은 기소권만 가진다. 이 원칙을 훼손하여 법률 시행령 등으로 수사권과 기소권을 동시에 갖는 조직이나 직책을 설치하는 것은 무효이다.	변경
		②수사관과 기소관은 기소요청권과 수사요구권을 가지며 상호 동등한 입장에서 건의 제보 등으로 서로 협조하여야 한다.	변경
		③기소관은 기소시 수사관의 수사 결과 전부와 수사관의 기소에 대한 의견을 법원에 제출하여야 한다. 기소관은 불기소 권한이 없다.	변경
		④수사 및 기소 자료는 피해자 요청 시 즉시 사본을 발부하여야 한다. 가해자 요청은 수사상황 및 피해자 의사에 따라 거부할 수 있다.	변경
		⑤수사기관과 기소사무소는 일반시민의 수사위원회 및 기소위원회를 두어 사건에 대한 수사여부 및 기소여부를 심의 받을 수 있다.	변경
		⑥국가는 범죄피해자 및 신고자 보호제도, 증인 보호제도를 시행한다.	변경
제100조	...법률로 정한다.	국민 누구나 법원에 직접 기소장을 제출할 수 있고 법원은 사건번호 부여하여 기소사무소로 송부한다. 기소관은 수사 의뢰할 수 있다.	변경
제101조	③법관의 자격은 법률로 정한다.	③대법원장은 변호사 경력 10년 이상인 자 중에서 필기 및 면접시험을 통하여 법관을 선발한다.	변경
제102조		①또한 교정처를 두고 교정업무 전체를 담당한다. 사형선고 수형자에 대하여는 1개월 단위로 국민 누구나 개인 자격으로 대법원장에게 집행 연기를 청원할 수 있다. 사형집행은 대법원장의 명령에 따라 월1회 실시한다.	추가
		③각급 재판부는 법률이 정하는 바에 따라 배심원단을 둘 수 있다. 대법관 및 헌법재판관은 퇴임 후 변호사가 될 수 없다. 판사는 퇴임 후 5년 이내에는 변호사가 될 수 없으며 또한 공직선거에 입후보할 수 없다.	추가
제104조	①...대통령이 임명한다.	①대법원장은 대법관 회의에서 호선, 국회의 동의를 얻어 결정한다.	변경
	②...대통령이 임명한다.	②대법관은 15인을 둔다. 국회에서 선출한 6인을 대법원장이 임명한다. 또한 헌법재판소장이 3인 대법원장이 3인 대통령이 3인을 지명하여 국회의 동의를 얻은 9인을 대법원장이 임명한다.	변경
제108조		대법원에 경매처를 두고 모든 법원 경매를 전자경매로 진행한다. 예금보호대상 금액 소송은 소액심판으로 한다. 법원도서관은 주민등록증 등을 소지한 모든 국민에게 개방한다.	추가

제111조	②...재판관은 대통령이 임명한다. ③...자를 임명한다. ④대통령이 임명한다.	①6.법률이 정하는 바에 따른 사면 감형 또는 복권의 명령, 국회의 동의를 득한 일반사면 ②헌법재판소에 사면심사위원회를 둔다. ③재판관 3인은 국회에서 선출하는 자를, 3인은 대법원장이 3인은 대한변호사회가 추천하는 자를 헌법재판소장이 임명한다. ④헌법재판소의 장은 재판관 회의에서 호선, 국회의 동의를 얻어 결정한다.	추가 변경 변경 변경
제117조		③통일 후 한강 이북 경기도와 개성시는 서울특별시에 편입하고 그 외는 현행을 유지한다. ④수도는 서울특별시이다. 행정부 부처, 산하기관, 공기업 등은 지방에 분산 배치한다.	추가 추가
제9장	경제	경제, 사회	추가
제123조		⑥국가는 독립기관으로 금융감독원을 둔다. 금융회사는 은행, 투자증권, 보험 회사별로 업무를 엄격히 구분해야 한다. 은행은 원금이 보장되는 상품만 판매할 수 있다. 원금 보장되지 않는 혼합금융상품은 투자증권에서 판매한다. ⑦증권시장은 1부 산업, 2부 금융, 3부 언론으로 구분한다. 주식회사의 발행주식은 1주당 1천원으로 한다. 모든 방송 신문 등 언론회사의 주주는 국가와 개인만 될 수 있고 개인은 1인당 1천 주 이내만 소유할 수 있다. 공정거래위원회 지정 대기업 집단 즉 특정 개인이나 법인인 동일인의 지배 아래 운영되는 모든 기업은 1개의 지주회사가 개별회사 주식을 보유하는 형태로 정비해야 하고 이 지주회사 1곳만 주식시장에 상장할 수 있다. 동일인은 금융지주와 산업지주 중 하나만 보유할 수 있다. 순환출자는 금지한다. 이사는 주주충실의무를, 지배주주는 선량한 관리의무를 진다. ⑧국가는 2026년 1월 1일부로 1천원을 1환, 10원을 1전으로 바꾸는 화폐 단위 변경을 실시한다. 한국은행장은 1환 5환 10환 50환 100환 지폐와 1전 5전 10전 50전 동전을 배포하며 기존 화폐와 같이 사용한다. 은행 창구에서는 새 화폐만 배포한다.	추가 추가 추가

제123조		⑨대통령은 필요시 한국은행의 의견을 들어 특정 외국 화폐에 대하여 1:1, 1:10, 1:100 비율 중 하나로 1년 이하의 기간 고정환율을 실시할 수 있다.	추가
		⑩모든 부동산에 대하여 매년 시가의 1%를 보유세 부과한다. 주택 소유는 1인당 5채 이내로 제한하고 주택 수 곱하기 1%를 매년 보유세 부과한다. 은행 아닌 법인 단체는 주택 소유를 금지한다. 사회복지법인 종교단체 교육기관 등은 부동산 보유세를 일부 감면할 수 있으나 개별 건별로 매년 국회의 동의를 얻어야 한다.	추가
		⑪법원의 판결에 의한 채권 소멸 시효 연장은 원래의 시효만큼 두 번 이내로만 가능하다.	추가
		⑫변호사, 회계사 및 의사(치과의사, 한의사, 수의사는 제외)의 연간 배출 인원은 각 총인구의 1만분의 1로 한다. 공인중개사 법무사 행정사 노무사 변리사 배출은 중지하고 이들 업무는 변호사가 담당한다. 세무사 감정평가사 배출도 중지하며 이들 업무는 회계사가 담당한다. 모든 의사 한의사와 변호사는 공직선거에 입후보하는 순간 그 자격을 영구 박탈한다.	추가
		⑬벌금형 등 금전적 범죄의 징역 환산은 하루 1십만원으로 계산하며 증감할 수 없다. 폭력조직을 운용한 자, 도박장 운영자, 마약을 제조 판매 유통한 자, 법정 최고이율 초과 이자를 요구한 자, 다단계 판매 업체를 운영한 자, 고의로 살인한 자, 음주운전하여 살인 혹은 도주한 자, 일제강점기와 그 전후의 일제의 악행을 찬양하거나 독립투사와 일제 피해자를 비하 조롱하는 자는 사형에 처한다. 허위신고, 횡령, 증빙미제출, 뇌물수수, 탈세, 보이스피싱을 비롯한 비대면 사기 등 금전 관련 범죄자는 30년 이상 징역형에 처하고 범죄액의 50배를 벌금 부과한다. 뇌물 등 범죄는 공여자 수령자를 동등하게 처벌한다. 포털 신문 등 매체는 사기 목적 게시물을 삭제할 책임이 있다. 금전범죄 신고자에게는 회수된 범죄 금액의 반을 포상금으로 지급한다. 불법행위 의심 계좌는 즉시 사용정지한다.	추가
		⑭외국인의 국적취득 귀화 시험은 1년에 1십만 명 이내로, 출신 국가 별로 한 국가당 10분의 1 이내로 선발한다.	추가

제123조		⑮지하자원 판매와 부동산 보유세로 재정 준비되면 전 국민에게 국민기본카드를 발급한다. 1.기본생활카드 전 국민의 대중교통 요금을 국가가 부담한다. 좌석 예약은 불가하다. 하루 5천원 식대를 제공한다. 정부는 쌀밥으로 5천원 단일가 식당 판매하는 식당에는 쌀을 지원한다. 2.기본소득카드 태아를 포함한 전국민에게 매월 1백만원의 기본소득을 카드에 제공한다. 18세 이하의 카드는 양육권자가 관리한다. 월말까지 유효하며 증감할 수 있다. 수감자는 제외한다. 3.본인부담금 지원 기본의료카드, 등록금 지원하는 기본교육카드도 발급가능하다. 기본교육카드 사용 학교는 실시간 영상을 제공한다.	추가
		⑯방송통신위원회, 방송통신심의위원회의 위원은 대법원 3인, 국회 5인, 민간 언론단체연합회가 5인을 지명하여 13인으로 구성하며 위원장은 위원회에서 호선 국회의 동의를 얻는다.	추가
		⑰국가와 지방자치단체는 내진설계 부족한 건축물에는 건물주와 함께 보강공사를 실시한다. 강변 바닷가 건축물은 그 바닥이 수면 위 3미터 이상 되도록 설치하여야 한다.	추가
		⑱사립학교재단 사회복지법인 등 공공복리를 위하여 개인이나 기업 등이 기부한 재산은 양도세 등을 감면한다. 이사는 공공기관의 파견 시민대표 각계전문가 학생 등 10인 이상으로 구성한다. 기부자나 그 후손은 1인만 가능하며 이사장 총장 등 경영책임자가 될 수 없다.	추가
		⑲농업 어업 임업 등의 생산물 경매시장의 경매사는 농림축산식품부와 해양수산부의 공무원이 담당하며 1년 단위로 교체한다.	추가
		⑳자동차 등 제조물 피해 유무의 입증 책임은 제조업자가 진다. 건설 제조 등 업체의 하도급은 모두 금지한다. 경영자는 제조 과정, 공사장 등에서 필요한 해당 인원을 전원 직접 고용하여야 한다. 위반할 시는 원청업체의 실질경영자를 10년 이상 징역형에 처하고 제조 및 공사금액의 50배를 벌금 부과한다.	추가
		㉑모든 국민은 읍면동사무소에 전화번호를 신고하여야 한다. 법원 등이 이를 조회하여 문자 보내면 송달완료로 본다.	추가
		㉒여론조사는 1년간 응답회수 별로 발표한다.	추가
제130조		④같은 날에 두 개의 헌법 개정안이 국회에서 통과된 경우 ㉮안 ㉯안으로 국민투표에 부쳐 택일하도록 한다. 국회의원 선거권자 과반수 투표와 투표자 과반수가 선택한 안으로 헌법개정은 확정된다.	추가

부칙

1. 이 헌법은 2025년 월 일부터 시행한다. 현 대통령의 임기는 이 헌법을 적용한다.

2. 북한지역 부동산의 임대차계약은 계속 유효하다.

3. 검찰청은 해체하고 수사 건은 수사기관으로 이관한다. 검사 명칭을 폐지한다. 1년 내 전국 검찰청사를 철거 후 즉시 모든 부동산을 대법원에 넘긴다. 대법원은 법관충원, 법정확보를 통하여 헌법 제27조③을 충족시켜야 한다.

4. 국가는 현존하는 댐과 방조제의 재자연화 사업을 위하여, 대통령실에 위원회를 두고 수자원공사와 농어촌공사 내에 전담 조직을 설치하여야 한다. 1차적으로 경상북도 영주댐과 전라남도 고흥만방조제를 2027년까지 철거 재자연화한다. 교량을 설치할 수 있다.

5. 선거와 국민투표 주민투표에 불참하는 자는 투표당 1백만 원의 벌금형에 처한다.

6. 대한민국 수립일은 1919년 4월 11일이다. 이날은 국가공휴일로 정한다.

7. 의결정족수 규정이 없는 각종 위원회는 법규로 정한 위원의 과반수

찬성으로 의결한다.

8. 각종 차량은 차고지증명을 제출해야 구매할 수 있다.

9. 이 헌법은 즉시 시행하여야 하며 하위 법규의 미비 등을 이유로 이 헌법 규정의 이행을 게을리한 공무원 및 공공기관 직원은 즉시 파면한다.

10. 한국자유총연맹, 새마을운동중앙회, 바르게살기운동중앙협의회 등 관변단체는 모두 해산하고 재산은 국고에 귀속시킨다. 각 부처, 공기업 등의 퇴직자 단체도 해산한다. 재향군인회는 예외로 한다. 각 부처 등의 언론사 출입기자단은 폐쇄적으로 운영할 수 없다.

11. 공무원 등 경력으로 자격증시험 등에 특혜를 부여할 수 없다.

12. 국유재산청은 친일재산 몰수, 관변단체 재산몰수 등의 업무에 수사권을 가지며 경찰의 협조를 받는다.

13. 동해에 대한 1929년 왜구국의 불법개명을 폐지하고 '한국해'를 사용, 전 세계에 홍보한다.

14. 주가 조작, 불법 공매도 등의 자본시장 범죄를 저지른 자에게는 다른 처벌과 별도로 해당 주식 등에 투자한 기간 중 최고가의 50배 벌금을 부과한다.

15. 국가는 매 세기 50년에는 토지개혁(북한지역은 50년 임차권 부여)

을, 매 세기 00년에는 채무탕감 등 금융개혁을 실시한다. 2026년에 폐업 자영업자에 대한 채무면제를 실시한다.

16. 국가는 공동체 대한민국의 보존과 계승을 위하여 국가보안법을 제정 운용할 수 있으며 이 법은 두 조항으로 구성한다. 첫째, '대한', 즉 위대한 한민족의 민족정기를 훼손하는 행위를 하는 자는 사형에 처한다. 식민지근대화론 또는 유사한 주장을 강의 출판 기고하는 자가 이에 해당한다. 둘째, '민국', 즉 민주주의와 인권에 반하는 행위를 하는 자도 사형에 처한다. 내란참여자 및 동조 찬양한 자, 인신매매 간첩조작 고문 등 행위자, 민주화운동과 그 유공자를 조롱 비방하는 자가 이에 해당한다. 이 두 조항을 제외한 다른 모든 조항은 폐기한다.

17. 외국어교육과 외국인 대상 한국어교육에 훈민정음 옛 글자를 사용할 수 있다. 한글맞춤법에서 사이시옷 사용 여부는 각자 자유롭게 선택하도록 허용한다.

18. 음성안내, 표지판 등 문자 외국어 안내는 ①영어 ②중국어 ③러시아어 ④스페인어 ⑤아랍어 ⑥기타언어를 시간 및 공간이 허용하는 대로 순서에 맞추어 실행하여야 한다.

19. 부동산 등기는 공신력을 가지며 국가는 교차 검증 등 필요한 절차를

마련하여야 한다.

20. 이 헌법에서 "한다."는 "즉시 실행해야 한다."라는 뜻이다.

흰 구름 한 조각 보시거든 2

1판 1쇄 발행 2025년 04월 21일

지은이 유제화

교정 주현강 **편집** 김해진 **마케팅·지원** 김혜지

펴낸곳 하움출판사 **펴낸이** 문현광
이메일 haum1000@naver.com **홈페이지** haum.kr

블로그 blog.naver.com/haum1000 인스타 @haum1007

ISBN 979-11-7374-014-5 (03810)

좋은 책을 만들겠습니다.
하움출판사는 독자 여러분의 의견에 항상 귀 기울이고 있습니다.
파본은 구입처에서 교환해 드립니다.

이 책은 저작권법에 따라 보호받는 저작물이므로 무단전재와 무단복제를 금지하며,
이 책 내용의 전부 또는 일부를 이용하려면 반드시 저작권자의 서면동의를 받아야 합니다.